中國歷史大事年表

元明清朝

王中奇 編◎廖育萱 繪

元改中都為大都

文天祥兵敗被俘

是

朱元璋稱帝

武平大地震

設置各路惠民局

朱元璋攻打陳友諒

蘇州名園「留園」建成

以宦官王振為司禮監

倭寇侵擾福建

《永樂大典》開始編修

鄭和下西洋

眼鏡傳入中國

成祖親征韃靼

鄭成功起兵抗清

清軍入台灣，鄭克塽降

英國東印度公司於廣東設商館

頒布禁食鴉片

編輯的話

元明清三朝六百多年的歷史，介於中古與現代之間，扮演了承先啟後的作用。這期間政治上風起雲湧、改朝換代；文化上大放異彩，科技上日新月異，學術思想上人才輩出。若把所有發生過的事都鉅細靡遺收入年表之中，那就會變成篇幅龐大的編年史，因此，在編寫大事年表時就不得不有所取捨。

為了讓讀者既能清楚知道發生的重要事蹟、又能從這些單獨事件的蛛絲馬跡中感受歷史的脈絡，本書挑選的標準不只著重在重大的政治與軍事事件外，文化、藝術、科技、社會、經濟等各方面重要事件都是選擇的重點。政治方面，包括帝王世系的繼位、重大制度的改革、新機構的設立、政治人物所扮演的角色、影響政局的政爭等等；外交方面從與日本、琉球、朝鮮的往來到西洋人漸漸進入中國的舞台，可看出來華的傳教士和西洋人帶來了新的知識與科學技術，促成了現在化設施的建立，但同時也帶來了通商、洋務、條約，甚至戰爭。軍事上，影響朝代更迭的戰爭、動亂、民變也皆在年表中呈現。

此外，特別在「參照」中列出三朝文學家、小說家、書畫家、史學家、思想家、理學家、戲曲家、科學家、手工藝達人們，以及他們本身代表的風格、流派和重要著作及作品。並將影響後世深遠的地理書、農業（農政）及農書、水利、曆法、鈔法、賦稅、醫學等與人民息息相關的制度與技術改革等收錄年表中。不只作為學習參考的利器，更是了解中國歷史的最佳讀物。

元

由蒙古民族建立的大一統的朝代，其疆域是中國歷代王朝中最遼闊的。

紀年（干支）	1271（辛未）	1272（壬申）	1273（癸酉）	1274（甲戌）
帝王稱號	世祖至元八年　元	世祖至元九年	世祖至元十年	世祖至元十一年
	度宗咸淳七年　南宋	度宗咸淳八年	度宗咸淳九年	度宗咸淳十年

該年重要記事

1271（辛未）

5月　蒙古分圍襄陽之兵進攻四川宋地。

6月　宋兵救襄陽，為蒙古所敗。

11月　蒙古建國號為大元。

1272（壬申）

1月　元將尚書省併入中書省，改行尚書省為行中書省。

2月　元改中都為大都。

1273（癸酉）

*　朱思本（1273-？）生。

1月　元兵攻下樊城，宋將領范天順、牛富戰死。

2月　元兵破襄陽，守城將領呂文煥以襄陽投降元。

1274（甲戌）

7月　宋度宗（1242-1247）崩，兒子趙㬎繼位，為恭帝。太皇太后謝氏垂簾聽政。

10月　元征日本，敗日軍於對馬、壹崎島，但因遇到颱風，折損一萬多人。

喝！我的朝代來了！

參照

◆　朱思本：元代地理學家，製作《輿地圖》，原圖已失傳。但明朝羅洪光曾仿照，繪成《廣輿圖》。

1279 （己卯）	1278 （戊寅）	1277 （丁丑）	1276 （丙子）	1275 （乙亥）
世祖至元 十六年	世祖至元 十五年	世祖至元 十四年	世祖至元 十三年	世祖至元 十二年
祥興二年	端宗景炎三年、 祥興元年	端宗景炎二年	恭帝德佑二年、 端宗景炎元年	恭帝德佑元年

1275（乙亥）

＊威尼斯人馬可波羅到達元上都，謁見元世祖。

❷月 文天祥起兵，詔天下勤王。

❼月 賈似道（1213-1275）被貶循州，於押解途中被殺。

1276（丙子）

閏❸月 宋陸秀夫等人於溫州奉益王趙昰為「天下兵馬都元帥」。

❷月 元兵攻陷臨安，俘宋恭帝。

❺月 益王趙昰於福州即帝位，改元景炎，為端宗。文天祥被任命為右丞相。

⓫月 元兵入福建，端宗由海道南走泉州，又逃潮州。

1278（戊寅）

❹月 宋帝趙昰病死於碙州。趙昺即位。

❺月 改年號爲祥興元年。

❻月 宋帝趙昺移駐廣東新會海中崖山。

⓬月 文天祥兵敗被俘。

1279（己卯）

❶月 元將張弘范攻崖山，命文天祥招降張世傑，文天祥嚴詞拒絕，並做《過零丁洋》。

❷月 陸秀夫（1236-1279）背宋帝趙昺投海而死。張世傑溺死。元滅宋。

◆《過零丁洋》，最後兩句成爲千古名句：「人生自古誰無死，留取丹心照汗青」。

哇佢係馬可波羅！

紀年 （干支）	1280 （庚辰）	1281 （辛巳）
帝王稱號	元　世祖至元 十七年	世祖至元 十八年
	南宋	

該年重要記事

（1280）

＊
帝師八思巴（1235-1280）卒。

＊
郭守敬等編《授時曆》成。

（對話框）覆船了！

（1281）

❽月
由范文虎等率領的征日軍遇颱風，十萬餘人不到五分之一生還，日本史上稱「弘安之役」。

＊
朱震亨（1281-1358）生。

＊
許衡（1209-1281）卒。

參照

◆ 八思巴：忽必烈封爲國師，至元六年（1269）八思巴制蒙古新字後，升號帝師大寶法王。重要著作爲《彰所知論》。

◆《授時曆》：正式廢除「上元積年」日法，採用近世截元法，這是曆法史上的一項重要貢獻。

所謂「上元積年」，是古代編曆的老傳統，「上元」就是在過去的年代裡，一個朔望日的開始時刻和冬至夜半發生在一天；「積年」就是從制曆或頒曆時的冬至夜半上推到所選上元的年數。曆法家爲了找到一個理想的上元，往往牽強湊合。郭守敬不採用這種方法，而以至元十七年（1280）作爲推算各項天文數據的起點。

◆ 許衡：元代著名理學家，對理學的普及與推行起了很大的重要。與吳澄、劉因並稱爲元代三大學者。

◆ 朱震亨：元朝名醫學大師，學者尊爲丹溪翁，創「滋陰學說」。著有《格致餘論》、《局方發揮》等書。

1286 （丙戌）	1285 （乙酉）	1284 （甲申）	1283 （癸未）	1282 （壬午）
世祖至元 二十三年	世祖至元 二十二年	世祖至元 二十一年	世祖至元 二十年	世祖至元 十九年

6 月

頒布大司農司所制定《農桑輯要》於諸路。

12 月

命鎮南王脫歡假道安南征占城。

7 月

安南國王拒絕借路，元軍敗之。

5 月

於高麗設「征東行中書省」。

＊

文天祥（1236-1282）被殺。

人生自古誰無死　留取丹心照汗青

◆ 《農桑輯要》：此部農書集結了十三世紀前中國農業耕作的經驗，在推廣和傳播農業經驗上起了一定的作用。

紀年（干支）	1287（丁亥）	1288（戊子）	1289（己丑）	1290（庚寅）	1291（辛卯）
帝王稱號	世祖至元二十四年　元	世祖至元二十五年	世祖至元二十六年	世祖至元二十七年	世祖至元二十八年
	南宋				
該年重要記事	❷月　設尚書省，改行中書省為行尚書省。 ❸月　造至元寶鈔，1貫抵中統鈔5貫。 ❹到❻月　宗王乃顏反，世祖親自鎮壓，俘乃顏旋即處死。		＊設崇福司，是管理也里可溫教（元代稱基督教為也里可溫教）的機構。 ❸月　鑄渾天儀成。 ❹月　置木棉提舉司。	❽月　武平大地震，死傷七千餘人。	❺月　頒布「至元新格」，以此制定賦役徵調之法。
參照			◆黃道婆：松江烏泥涇人，少年時流落厓州，13世紀後期，在松江烏泥涇推廣棉紡織技術，教鄉民做彈綿織布之具。	哇！ 武平大地震	

1296 （丙申）	1295 （乙未）	1294 （甲午）	1293 （癸巳）	1292 （壬辰）
成宗元貞 二年	成宗元貞 元年	世祖至元三十一 年	世祖至元 三十年	世祖至元 二十九年

＊ 施耐庵（1296-1370）生。	❺ 月 升江南諸大縣爲州。	＊ 羅馬教皇派遣教士孟德高維諾（Monte Gorvino）來朝，1294年抵達大都傳教。 ❹ 月 皇太孫鐵穆耳即位，爲元成宗。 ❶ 月 元世祖忽必烈（1215-1294）崩。	＊ 劉因（1247-1293）卒。 ❼ 月 通州至大都漕運成，賜名通惠河。	❷ 月 派兵征爪哇。

忽必烈駕崩

◆ 施耐庵：撰《水滸傳》。			◆ 劉因：元代理學家。	

紀年 （干支）	1297 （丁酉）	1298 （戊戌）	1299 （己亥）	1300 （庚子）	1301 （辛丑）
帝王稱號	成宗元貞 三年、 大德元年　元	大德二年	大德三年	大德四年	大德五年
	南宋				
該年 重要記事	❷ 月 改元大德。	❶ 月 設置各路惠民局，擇良醫主事。			❽ ❶ 月 月 ＊ 西北宗王海都大舉入侵，戰敗後不久死去。　罷征東行省。　倪瓚（1301-1374）生。
參照					◆ 倪瓚：字雲林，「元四家」之一。

1306 （丙午）	1305 （乙巳）	1304 （甲辰）	1303 （癸卯）	1302 （壬寅）
大德十年	大德九年	大德八年	大德七年	大德六年

1302（壬寅）大德六年：
＊胡三省（1230-1302）卒。

1303（癸卯）大德七年：
❸月《大元一統志》完成。
❼月 海都之子察八兒與察合台國主篤哇向元朝請和。

1306（丙午）大德十年：
＊白樸（1226-1306）卒。

投降！投降！

◆胡三省：元朝前期著名史學家，《資治通鑑音注》為其最重要著作。

◆《大元一統志》：元朝為了有效統治所編纂的全國地理著作。此書保存了宋、金、元舊志中的許多材料，有很大的學術價值。

◆白樸：元曲四大家之一，代表作為《梧桐雨》、《牆頭馬上》。
◆關漢卿：《竇娥冤》、《拜月亭》、《蝴蝶夢》等等。
◆鄭光祖：《倩女離魂》。
◆王實甫的《西廂記》也是元曲代表作之一。

紀年（干支）	1307（丁未）	1308（戊申）	1309（己酉）
帝王稱號	元　大德十一年	武宗至大元年	武宗至大二年
南宋			

該年重要記事

1307（丁未）

❶月　元成宗（1266-1307）卒。

❷月　成宗侄子愛育黎拔力八達至大都監國，並迎其兄海山。

❺月　懷寧王海山即位，是為武宗。

❻月　元武宗立「平定內難」有功的愛育黎拔力八達為皇太子，確定其繼承人身分。

1308（戊申）

❼月　雲南、湖廣、四川、河南等地民變。

你要好好接棒，指望你了。

1309（己酉）

❾月　發行「至大銀鈔」。至大銀鈔一兩，換至元鈔五貫、白銀一兩、赤金一錢。

於大都立資國院；山東、河東、遼陽、江淮、湖廣、川漢設泉貨監；產銅之地立提舉司。

參照

1307

◆成宗死後，爆發帝位之爭，一派是安西王阿難答、左丞相阿忽台、皇后卜魯罕。另一派即是愛育黎拔力八達和海山。

1309

◆其錢曰「至大通寶」者，一文準至大銀鈔一釐；曰「大元通寶」者，一文準至大通寶錢十文。

1314 （甲寅）	1313 （癸丑）	1312 （壬子）	1311 （辛亥）	1310 （庚戌）
仁宗延祐 元年	仁宗皇慶 二年	仁宗皇慶 元年	武宗至大 四年	武宗至大 三年

1314（甲寅）仁宗延祐元年

*

❹月
設立回回國子監。

畏吾兒農學家魯明善所寫《農桑衣食撮要》完成。

◆
《農桑衣食撮要》：與《農書》、《農桑輯要》共列為元代著名的三部農書。

1313（癸丑）仁宗皇慶二年

*

❶月
頒《行科舉詔》。

王禎《農書》完成。

王禎農書

◆
《農書》：是中國第一部對全國範圍農業做系統研究的農書，也是一部水利科學的專著。

1311（辛亥）武宗至大四年

❹月
廢至大銀鈔、銅錢。

❶月
元武宗（1281-1311）卒。其弟愛育黎拔力八達嗣位，是為仁宗。

紀年（干支）	帝王稱號		該年重要記事	參照

1319（己未）	仁宗延祐六年			
1318（戊午）	仁宗延祐五年			
1317（丁巳）	仁宗延祐四年			
1316（丙辰）	仁宗延祐三年			
1315（乙卯）	仁宗延祐二年　　元　南宋		❸月　初行科舉，分蒙古、色目人為右榜；漢人、南人為左榜。	

* 郭守敬（1231-1316）卒。

元朝階級制度

◆ 郭守敬：元代著名天文學、水利學、曆算學家。

1323（癸亥）	1322（壬戌）	1321（辛酉）	1320（庚申）
英宗至治三年	英宗至治二年	英宗至治元年	仁宗延祐七年

1320（庚申）仁宗延祐七年

❶月　元仁宗（1285-1320）卒。太子碩德八剌嗣位，為英宗。

◆馬致遠：元代雜劇作家，代表作為《漢宮秋》。元曲四大家之一。

1321（辛酉）英宗至治元年

＊馬致遠（1250-1321）卒。

◆趙孟頫：號「松雪道人」，元代著名書畫家，其書法被稱為「趙體」。其妻管道昇亦儷情深，所著〈我儂詞〉膾炙人口。趙孟頫外孫王蒙（？-1385）也為「元四家」之一。

1322（壬戌）英宗至治二年

閏❺月　禁白蓮佛事。

＊趙孟頫（1254-1322）卒。

嗶！嗶！出局

1323（癸亥）英宗至治三年

＊馬瑞臨（1254-1323）卒。

❽月　御史大夫鐵矢等發動政變，趁英宗自上都南返途中，於離上都三十里的南坡，殺英宗與右丞相拜住。奉晉王也孫鐵木兒嗣位，是為泰定帝。史稱「南坡之變」。

◆馬瑞臨：元代著名史學家。代表著作為《文獻通考》，共三四八卷。將杜佑《通典》的內容進一步豐富與擴大。

1327 （丁卯）	1326 （丙寅）	1325 （乙丑）	1324 （甲子）	紀年 （干支）
泰定帝泰定 四年	泰定帝泰定 三年	泰定帝泰定 二年	泰定帝 泰定 元年　元	帝王稱號
			南宋	
		❷月　頒布《道經》於天下。		該年 重要記事
				參照

1331 （辛未）	1330 （庚午）	1329 （己巳）	1328 （戊辰）
文宗至順 二年	文宗天曆三年、 至順元年	文宗天曆 二年	泰定帝泰定五年、 致和元年、天順帝天順元年、 文宗天曆元年

1330（庚午）

❺月

＊

飲膳太醫回回人忽思慧編成《飲膳正要》一書。

改元至順。

飲膳正要卷第一　飲酒避忌

◆《飲膳正要》：對於中國古代植物品種、食物營養、飲食衛生等皆有研究。

1329（己巳）

❽月

❶月

周王和世瓎即位，爲明宗，以文宗爲皇太子。

明宗暴崩（1300-1329），文宗復位。

1328（戊辰）

❿月

上都兵敗，天順帝不知所終。

上都、大都兩方人馬於大都附近激戰月餘。

❾月

上都諸王大臣擁立泰定帝的兒子阿速吉八爲皇帝，改元天順，發兵攻大都。

懷王至大都即位，改元天曆，爲文宗。

遼王脫脫、靖安王闊不花相助。

❽月

燕鐵木兒等謀立武宗之子周王和世瓎，以路遠先迎周王之弟懷王圖帖睦爾。

❼月

泰定帝（1293-1328）死於上都。

❷月

泰定帝改元致和。

上都

大都

1336 （丙子）	1335 （乙亥）	1334 （甲戌）	1333 （癸酉）	1332 （壬申）	紀年 （干支）
順帝至元 二年	順帝元統三 年、至元元年	順帝元統 二年	至順四年、 順帝元統元年	文宗至順 三年　　　元	帝王稱號
				南宋	

					該年 重要記事
❶❶月 罷科舉，改元至元。	❹月 於京師設鹽局，官府自賣鹽。	❶❶月 改元元統。	❻月 妥懽帖睦爾於大都即位，是為順帝。 ❸月 權臣燕鐵木兒卒。 ❷月 妥懽帖睦爾到達上都，但因忌憚燕鐵木兒，一直不得即帝位。 ＊ 吳澄（1247-1333）卒。	❶❷月 寧宗（1326-1332）卒，年僅七歲。文宗皇后主立明宗長子妥懽帖睦爾。 ❶❶月 元文宗（1304-1332）卒。 ❽月 明宗次子懿璘質班即位，是為寧宗。 ＊ 「元至順銅銃」，是中國也是世界上現存最古老的火銃。	

					參照
			◆ 吳澄：元代理學及經學大家。	別小看我，我可是現代槍炮祖先。	

來買鹽哦！

1341 （辛巳）	1340 （庚辰）	1339 （己卯）	1338 （戊寅）	1337 （丁丑）
順帝至正 元年	順帝至元 六年	順帝至元 五年	順帝至元 四年	順帝至元 三年

順帝至元三年

❶月

增城縣民朱光卿等起事，稱大金國，建元赤符。

❷月

陳州民棒胡（胡閏兒）以拜李老君、彌勒佛於信陽聚眾起事。

禁止漢人、南人、高麗人持兵器、養馬。並禁漢人、南人學蒙古、色目文字。

大足縣民韓法師起事，自稱「南朝趙王」。

❹月

惠州歸善縣民聶秀卿等，拜戴甲為定光佛，與朱光卿聯合起事。

順帝至元四年

❻月

袁州民周子旺起事，稱周王。

漳州路南勝縣民李志甫起事。

順帝至元六年

❷月

罷黜伯顏為河南行省左丞相。以脫脫為中書右丞相。脫脫上台後，廢除伯顏舊政，史稱「更化」。

❿月

恢復科舉取士。

❿月

❿月

順帝至正元年

＊

杜本著《敖氏傷寒金鏡錄》。

＊

山東、燕南、湖廣起義不斷。

◆ 脫脫的「更化」政策包括：恢復科舉取士、興國子監、修三史和《至正新格》等等，被譽為「賢相」。

◆ 杜本：字伯原，人稱清碧先生。《敖氏傷寒金鏡錄》，是我國現存第一部舌診專著。

1347 （丁亥）	1346 （丙戌）	1345 （乙酉）	1344 （甲申）	1343 （癸未）	1342 （壬午）	紀年 （干支）
順帝至正 七年	順帝至正 六年	順帝至正 五年	順帝至正 四年	順帝至正 三年	順帝至正 二年　　元	帝王稱號
					南宋	
	❿ 月 修《宋史》完成。	❸ 月 修《遼史》完成。	⓫ 月 修《金史》完成。	❸ 月 詔修遼、金、宋三史，以脫脫爲三史都總裁官。 脫脫		該年 重要記事
						參照

1353 （癸巳）	1352 （壬辰）	1351 （辛卯）	1350 （庚寅）	1349 （己丑）	1348 （戊子）
順帝至正 十三年	順帝至正 十二年	順帝至正 十一年	順帝至正 十年	順帝至正 九年	順帝至正 八年

1353（癸巳）

❼月
朱元璋攻下滁州。

❺月
張士誠起義，據高郵。

1352（壬辰）

閏
❾月
脫脫率軍攻屠徐州，芝麻李敗死。

❸月
朱元璋投郭子興。

❷月
郭子興起義，自稱節制元帥。

1351（辛卯）

❿月
徐壽輝以蘄水為都，稱皇帝，國號天完，建元治平。

❽月
李二（俗稱芝麻李）、趙均用起事。徐壽輝等也以紅巾為號起事。

❺月
韓山童、劉福通組織民眾起事，以裹紅巾為標誌，稱紅巾軍。韓山童被俘。

1350（庚寅）

❿月
方國珍攻溫州。

❶❶月
更定鈔法，以中統交鈔一貫當銅錢一千文，當至元寶鈔2貫。發行「至正交鈔」，與「至元寶鈔」並行使用。

❹月
脫脫復為中書右丞相。

1348（戊子）

❶❶月
方國珍於台州起兵。

來啊！我們衝啊！

我們誓死效忠紅巾軍！

紀年（干支）	1357（丁酉）	1356（丙申）	1355（乙未）	1354（甲午）
帝王稱號	順帝至正十七年	順帝至正十六年	順帝至正十五年	順帝至正十四年　元　南宋

該年重要記事

1354（甲午）

❶月　張士誠自稱誠王，國號大周，建元天佑。

＊　吳鎮（1280-1354）卒。

＊　黃公望（1269-1354）卒。

1355（乙未）

❷月　劉福通擁立韓山童之子韓林兒為皇帝，號小明王，國號宋，建元龍鳳，都亳州。

❾月　朱元璋繼領郭子興部，奉小明王正朔。

⓬月　哈麻矯詔遣使賜脫脫鴆酒，脫脫（1314-1355）卒，年四十二。

1356（丙申）

❷月　張士誠攻占平江，改為隆平府，稱周王。

❸月　朱元璋取集慶，改為應天府。

❼月　朱元璋稱吳國公。

1357（丁酉）

❽月　張士誠屢次敗給朱元璋，投降元朝。

參照

◆　黃公望：號「大痴」，又號「一峰道人」，「元四家」之一，工於山水，《富春山居圖》是其傳世的山水畫傑作。

◆　吳鎮：號「梅花道人」，「元四家」之一。

富春山居圖

1364（甲辰）	1363（癸卯）	1362（壬寅）	1361（辛丑）	1360（庚子）	1359（己亥）	1358（戊戌）
順帝至正二十四年	順帝至正二十三年	順帝至正二十二年	順帝至正二十一年	順帝至正二十年	順帝至正十九年	順帝至正十八年

1364（甲辰）

❶月 朱元璋自立為吳王，設百官，以李善長為右相國，徐達為左相國。仍用韓林兒龍鳳年號。

1363（癸卯）

❾月 陳友諒中流矢卒，其子陳理回武昌繼位，改元德壽。

❽月 朱元璋與陳友諒對戰，大破陳友諒於鄱陽湖。

❼月 張士誠自立為吳王。

陳友諒敗逃

好瞻麥走！

1362（壬寅）

❸月 明玉珍稱帝，國號夏，建元天統。

1361（辛丑）

❽月 朱元璋大舉攻陳友諒，與陳友諒大戰於江州，陳友諒逃往武昌。

❷月 朱元璋制定鹽法，茶法。置寶源局，鑄大中通寶錢，以四百為一貫，四貫為一兩，四文為一錢。

1360（庚子）

❺月 陳友諒殺徐壽輝於太平路，自稱皇帝，國號大漢，改元大義。

1359（己亥）

⓵2月 陳友諒以江州為都，自稱漢王，迎徐壽輝居於此。

❶月 方國珍依附朱元璋。

* 高明（?-1359）卒。

◆ 高明：字則誠，其著作《琵琶記》被譽為南曲的代表。

琵琶是我的，別搶。

1358（戊戌）

❺月 劉福通攻下汴梁，並迎韓林兒來此，定為都城。

紀年 （干支）	1365 （乙巳）	1366 （丙午）	1367 （丁未）	1368 （戊申）
帝王稱號	順帝至正 二十五年　**元**	順帝至正 二十六年	順帝至正 二十七年	順帝至正二十八年 明太祖洪武元年
	◀南宋			
該年 重要記事	**❷**月 明玉珍卒，其子明升繼位，改元開熙。 **⑫**月 朱元璋命人自滁州迎韓林兒，至瓜步，沉韓林兒於江，「宋」亡。	**❶**月 朱元璋始稱吳元年。 **❸**月 朱元璋設文武科取士。 **❾**月 朱元璋俘虜張士誠，朱元璋遣徐達等北取中原，並傳檄四方。 **⑫**月 方國珍投降朱元璋。	**❶**月 朱元璋稱帝，國號明，定都應天（今南京），建元洪武，為明太祖高皇帝。 **❽**月 明軍攻占大都，改大都為北平府，元亡。元順帝逃往上都開平，史稱「北元」。	
參照				

朱元璋稱帝

明

正式國號為「大明」，是中國歷史上最後一個由漢族建立的朝代。

紀年（干支）	1368（戊申）	1369（己酉）	1370（庚戌）	1371（辛亥）
帝王稱號	明　太祖洪武元年	太祖洪武二年	太祖洪武三年	太祖洪武四年
	後金　清			

該年重要記事

1368（戊申）太祖洪武元年

❶月　朱元璋稱帝，國號明，定都應天（今南京），建元洪武，為明太祖高皇帝。

❽月　明軍攻占大都，改大都為北平府，元亡。元順帝逃往上都開平，史稱「北元」。定六部官制。

1369（己酉）太祖洪武二年

❶月　張士誠、方國珍餘黨勾結倭寇，侵擾山東沿海。朱元璋遣使諭日本國王良懷，命其約束無效。

❷月　詔修《元史》，以李善長為監修官。宋濂、王禕為總裁官。

❻月　常遇春、李文忠克開平，元順帝北走應昌。

❽月　高麗國王王顓遣使入貢，明朝冊封之。

1370（庚戌）太祖洪武三年

❹月　明太祖分封九子、一從孫為藩王。元順帝於應昌病逝，子愛猷識理達臘嗣位，改元宣光，是為元昭宗。

❺月　詔定科舉法，並頒科舉法於高麗、安南、占城。

❻月　定「中鹽法」。

❽月　初開鄉試科。

1371（辛亥）太祖洪武四年

❷月　初開會試。

❸月　初行殿試。

❿月　日本國王良懷遣使貢馬。

參照

來，排好隊。

1377（丁巳）	1376（丙辰）	1375（乙卯）	1374（甲寅）	1373（癸丑）	1372（壬子）
太祖洪武十年	太祖洪武九年	太祖洪武八年	太祖洪武七年	太祖洪武六年	太祖洪武五年

1372（壬子）太祖洪武五年

明使以朱元璋即位建元告琉球中山國，中山國遣使入朝，爲建立關係之始。

1373（癸丑）太祖洪武六年

❷月 設六科給事中。

❹月 詔舉聰明正直、賢良方正、孝弟力田，及儒士、孝廉、秀才、人才、耆民。

閏❶❶月 頒《大明律》。

1374（甲寅）太祖洪武七年

❶月 整飭河南、山東、北平屯田，定屯田法。

罷市舶司，嚴海禁以防倭。

＊ 倪瓚（1301-1374）卒。

◆倪瓚：元代南宗山水畫的代表畫家，與黃公望、吳鎮、王蒙並成爲「元四家」。

1375（乙卯）太祖洪武八年

❶月 令全國立「社學」。

❸月 行鈔法，始造大明寶鈔。

殺功臣廖永忠（1323-1375）。

＊ 劉基（1311-1375）卒。

◆劉基：字伯溫，佐朱元璋定天下，朱元璋多次曰：「吾子房也。」封「誠意伯」。

1376（丙辰）太祖洪武九年

❻月 改行中書省爲「承宣布政使司」，罷行省官，設置布政使、左右參政。

❶❷月 空印獄起。

◆空印獄：明官員多沿元之舊習，於空白文書先署印以備應用。太祖認爲全屬舞弊，官吏下獄達數百人。

1377（丁巳）太祖洪武十年

＊ 從洪武八年開始營建宮殿，到洪武十年完成。

紀年（干支）	1381（辛酉）	1380（庚申）	1379（己未）	1378（戊午）
帝王稱號	太祖洪武十四年	太祖洪武十三年	太祖洪武十二年	太祖洪武十一年　明
				後金
				清

該年重要記事

1378（戊午）

④月
元昭宗愛猷識理達臘卒，子脫古思帖木兒汗繼位。

1379（己未）

＊
朱有燉（1379-1439）生。

皇上，您別不要我啊！

1380（庚申）

①月
左丞相胡惟庸以「謀反」罪被處死。罷丞相；改大都督府爲五軍都督府；罷御史台，廢御史大夫；定南北更調用人之法。

②月
詔舉聰明正直、孝悌力田、賢良方正、文學及精通術數之士爲官。

⑥月
設置諫院，頒行修成之《臣戒錄》。

1381（辛酉）

＊
宋濂（1310-1381）卒。

①月
命各府州編制《賦役黃冊》，行里甲制，以管理戶、賦役。

⑨月
命傳友德率藍玉、沐英等征雲南。

參照

◆
朱有燉：明太祖第五子朱橚之子，重要雜劇作者，《誠齋樂府》爲其所作散曲。

◆
宋濂：明開國文臣之首，被尊稱爲「太史公」。作品輯爲《宋學士文集》。

1387 （丁卯）	1386 （丙寅）	1385 （乙丑）	1384 （甲子）	1383 （癸亥）	1382 （壬戌）
太祖洪武二十年	太祖洪武 十九年	太祖洪武 十八年	太祖洪武十七年	太祖洪武 十六年	太祖洪武十五年

❷月
命湯和於浙江沿海築衛所59處，抵禦倭寇。

＊
元將納哈出兵金山，馮勝率傅有德、藍玉擊降。

＊
編《魚鱗圖冊》，以登錄土地區畫。

＊
頒行《大誥續編》、《大誥三編》。

❿月
頒《御製大誥》於天下，勒令每戶必備一本。

＊
王蒙（1301?-1385）卒

❸月
頒《科舉取士式》（八股取士），命禮部頒行各省。

＊
建州女眞斡朵里部孟特穆（努爾哈赤先世祖）襲父爵爲豆曼，是爲滿族興起之始。

❸月
命西平侯沐英鎭守雲南，從此沐氏世守其地。

⓫月
置殿閣大學士。

❿月
罷御史台，置都察院。設監察督御史、監察御史。

❹月
詔令復科舉之制，三年一行。

❹月
設錦衣衛。掌侍衛、緝捕、刑獄之事。

閏❷月
藍玉、沐英破大理。段氏據大理數百年，至此終結。

◆王蒙：善於山水人物畫，「元四家」之一。

紀年（干支）	1388（戊辰）	1389（己巳）	1390（庚午）	1391（辛未）	1392（壬申）
帝王稱號	太祖洪武二十一年	太祖洪武二十二年	太祖洪武二十三年	太祖洪武二十四年	太祖洪武二十五年

明
後金
清

該年重要記事

1388（戊辰）
* 戴進（1388-1462）生。
* 脫古思帖木兒為部下所殺，恩克卓哩克圖汗繼立。
4月 藍玉軍大敗脫古思帖木兒於捕魚兒海，俘虜其子、妃嬪、公主及男女七萬人。

1389（己巳）
8月 更定《大明律》，改以六部分類。

1390（庚午）
1月 命晉王㭎、燕王朱棣北伐，擊元軍餘部。
3月 元降兵多歸燕王統帥，燕兵因之益強。
5月 再興胡惟庸之獄，賜死李善長（1314-1390），誅連而死者達一萬餘人。

1391（辛未）
* 天下州縣賦役黃冊完成，計 10,684,435 戶，丁口 56,774,561。

1392（壬申）
4月 太子朱標歿。
9月 立朱標之子朱允炆為皇太孫。
高麗李成桂廢王瑤自立，遣使向明請封，改國號朝鮮。

參照

◆ 戴進：明代前期畫壇重要流派「浙派」創始人。工山水、人物、花鳥等。

這家有4個人，2頭牛

1398 （戊寅）	1397 （丁丑）	1396 （丙子）	1395 （乙亥）	1394 （甲戌）	1393 （癸酉）
太祖洪武 三十一年	太祖洪武 三十年	太祖洪武 二十九年	太祖洪武 二十八年	太祖洪武 二十七年	太祖洪武 二十六年

1398（戊寅）

閏**5**月　明太祖（1328-1398）崩，太孫朱允炆即位，是爲惠帝。

6月　以齊泰爲兵部尚書、黃子澄爲太常卿兼翰林院學士，同參軍國政事，議定「削藩」。

11月　以張昺爲北平布政使、謝貴掌北平都指揮使，受密旨伺察燕王。

1397（丁丑）

5月　《大明律誥》成，頒行天下。

6月　以會試所取皆南人，考官貶殺有差；復親自策諸貢士，取者皆北人，時稱「南北榜」。

1395（乙亥）

2月　賜宋國公馮勝死。

9月　頒《皇明祖訓》條章。

1394（甲戌）

11月　賜穎國公傅友德、定遠侯王弼死。

1393（癸酉）

2月　興藍玉之獄，藍玉以謀反罪被殺。

3月　命晉王棡、燕王朱棣總制北平、山西軍事，大事方須奏聞。

9月　以胡惟庸、藍玉二大獄殺戮過多，詔赦餘黨。

◆　《皇明祖訓》：由朱元璋親自主持編撰，爲鞏固朱明皇權，而對後世子孫的訓誡。

1403 （癸未）	1402 （壬午）	1401 （辛巳）	1400 （庚辰）	1399 （己卯）	紀年 （干支）
成祖永樂 元年	惠帝建文四年	惠帝建文 三年	惠帝建文二年	惠帝建文 元年　　明	帝王稱號
				後金	
				清	
❷ 月 設留守司、行府、行部、國子監於北京；遣監察御史巡按地方，自是永爲定制。 ❶ 月 改北平爲北京。	❼ 月 建文時所改官制，一律復舊。殺齊泰、黃子澄。 燕王於南京即位，革除建文帝號，仍稱洪武三十五年。 ❻ 月 燕王自立爲帝，爲明成祖。殺方孝儒（1357-1402）。 燕王陷京師，李景隆等迎降。宮中火起，惠帝失蹤。 * 北元鬼力赤殺坤帖木兒汗，廢元朝國號，改稱韃靼。	* 燕王大舉南侵。	❺ 月 燕軍進攻濟南，山東參政鐵鉉、都督盛庸固守，久攻不下。 * 羅貫中（?-1400）卒。	❼ 月 燕王朱棣誘殺張昺、謝貴，以「清君側」起兵叛變，號稱「靖難」。 ❷ 月 命諸王不得節制文武吏士。	該年 重要記事
			◆ 羅貫中：最爲人知的著作爲《三國志通俗演義》。		參照

1406 （丙戌）	1405 （乙酉）	1404 （甲申）	1403 （癸未）
成祖永樂四年	成祖永樂三年	成祖永樂二年	成祖永樂元年

1406（丙戌）成祖永樂四年

閏**7**月

詔以明年5月建北京宮殿，遣人於四川、湖廣、江西、浙江、山西等處採木。

6月

西南大古剌、小古剌等部朝貢，於雲南設宣撫使司及長官司統治。

1月

遣使日本，封其鎮山為壽安鎮國之山（今阿蘇山），御製碑文。

* 伐安南。

1405（乙酉）成祖永樂三年

6月

遣宦官鄭和使西洋諸國，為鄭和首次下西洋。
遣宦官山壽率兵出雲州巡邊，是為宦官典兵之始。

1404（甲申）成祖永樂二年

1月

定屯田賞罰例。

* 日本遣使來，當時對馬、壹岐海寇掠中國沿海，諭命治之。

* 立高熾為皇太子、高煦為漢王。

* 置建州衛，以阿哈出為指揮使。

1403（癸未）成祖永樂元年

11月

冊封黎蒼為安南國王。

8月

於浙江、福建、廣東復設市舶提舉司，專掌海外諸國朝貢、貿易之事。

7月

《永樂大典》開始編修。

◆ 1405-1433，鄭和先後七次下西洋。

我都暈船了，西洋怎麼還沒到。

紀年（干支）	1409（己丑）	1408（戊子）	1407（丁亥）
帝王稱號	成祖永樂七年	成祖永樂六年	成祖永樂五年　明 後金 清

該年重要記事

1409（己丑）

8月 淇國公丘福於臚朐河爲韃靼軍大敗。

5月 封瓦剌部馬哈木爲順寧王、太平爲賢義王、把禿孛羅爲安樂王，許其入貢互市，以削弱、牽制東蒙古。

* 甘丹寺建成，爲西藏黃教四大寺院中修建最早，宗教地位最高的寺院。

1408（戊子）

9月 鄭和第二次下西洋。

8月 安南陳氏王子陳頠爲簡定帝，建國號大越，建元興慶，起兵反抗，交趾各地紛紛響應。成祖命沐晟征討之。

* 修建北京宮殿（1408-1420）。

1407（丁亥）

11月 歷時五年，《永樂大典》修成。

9月 鄭和自西洋返。

6月 改安南爲交趾，設交趾布政使司，置都指揮使、布政使、按察使等官及衛所。

3月 封西番僧哈立麻爲大寶法王，領天下釋教。

遣給事中胡濙以訪仙人張邋遢之名，遍行天下州縣邑，尋找惠帝蹤跡。

參照

◆《永樂大典》：中國古代規模最大的一部類書，收錄宋元以前重要文獻七、八千種之多。成祖並親爲之序。

1415 （乙未）	1414 （甲午）	1413 （癸巳）	1412 （壬辰）	1411 （辛卯）	1410 （庚寅）
成祖永樂十三年	成祖永樂十二年	成祖永樂 十一年	成祖永樂 十年	成祖永樂 九年	成祖永樂八年

❿月
陳誠出使西域還，纂《西域記》進呈。

❺月
罷海運。定支運法。

❶月
瓦剌馬哈木、太平、把禿孛羅遣使來朝謝罪。

❻月
追至圖拉河後，班師回朝。

❸月
張輔擒陳季擴於老撾，交趾亂平。

❷月
成祖親征瓦剌。
成祖大敗瓦剌於忽蘭忽失溫（今蒙古烏蘭巴托附近），

❼月
封韃靼阿魯台為和寧王。

❷月
始設貴州布政司。

*
韃靼馬哈木弒其主本雅失里，立答里巴為可汗。

⓫月
鄭和第三次下西洋。

*
置建州左衛，以猛哥帖木兒為指揮使鎮守。

❷月
浚會通河，開南北漕運。

⓬月
命陳季擴為交趾右布政使，季擴拒絕，遂起兵。

❷至❻月
成祖親征韃靼。敗本雅失里於斡難河，又逐擊阿魯台過闊灤海子（今內蒙古呼倫河），擊敗之。
阿魯台遣使貢馬。

漕運

紀年（干支）	1416（丙申）	1417（丁酉）	1418（戊戌）	1419（己亥）	1420（庚子）
帝王稱號	成祖永樂十四年　明	成祖永樂十五年	成祖永樂十六年	成祖永樂十七年	成祖永樂十八年
	後金				
	清				

該年重要記事					
⓫ 11月 廷議遷都北京。	❺ 5月 成祖至北京。	❶ 1月 交趾土官黎利舉兵反明，稱「平定王」。	* 宗喀巴（1357-1419）卒。	❾ 9月 詔以明年正月起，改京師為南京，定北京為京師，設六部，去行在之稱。	
⓬ 12月 鄭和第四次下西洋。	❻ 6月 宦官張謙出使西洋還。	❷ 2月 交趾義安知府潘僚、安老涂山寺僧范玉等十餘處紛紛起事，范玉自稱「羅平王」。	❻ 6月 倭寇犯遼東，總兵劉江敗其於金州望海堝。	❷ 2月 山東蒲台唐賽兒以白蓮教起義，自稱「佛母」。	
* 《歷代名臣奏議》成書。	❹ 4月 頒《四書大全》、《五經大全》、《性理大全》於兩京六部、國子監及各府、州、縣學。			❽ 8月 於北京設置東廠，以內監掌管，司緝訪事。	

參照					
◆《歷代名臣奏議》：楊士奇、黃維等奉敕編纂。收入自商周至宋、元歷代名臣奏議，共六十四門。			◆ 宗喀巴：藏傳佛教格魯派（黃教）創始人。		

1425 （乙巳）	1424 （甲辰）	1423 （癸卯）	1422 （壬寅）	1421 （辛丑）
仁宗洪熙元年	成祖永樂二十二年	成祖永樂 二十一年	成祖永樂 二十年	成祖永樂十九年

1425（乙巳）仁宗洪熙元年

❶月　立弘文閣。

❺月　仁宗駕崩（1378-1425）。太子朱瞻基即位，為宣宗章皇帝。召還宦官在外採辦者。

❻月　詔建文諸臣外親全家戍邊者，留一人在戍所，餘悉放還。

❽月　詔大理寺卿熊概、參政葉春巡撫南畿、浙江，置巡撫官自始起。

1424（甲辰）成祖永樂二十二年

❶月　鄭和第六次下西洋。

❹月　成祖親征阿魯台，於6月班師。

❼月　成祖班師至榆木川卒（1360-1424）。

❽月　太子高熾即位，為仁宗昭皇帝。罷西洋寶船、迤西市馬及雲南、交趾採辦。復置三公及三孤官。

⓫月　寬宥建文帝諸臣家屬，為奴者悉為民。

⓬月　詔建文諸臣外親全家成邊者，留一人在戍所，餘悉放還。

1423（癸卯）成祖永樂二十一年

❼月　成祖再次親征阿魯台，為第四次親征蒙古。

1422（壬寅）成祖永樂二十年

❸月　成祖親征阿魯台，大敗之。

1421（辛丑）成祖永樂十九年

❶月　遷都北京，宮廟大成。鄭和第五次下西洋。

❻月　番僧大寶法王來朝。

嘻嘻，我們是屬害的東廠。

1430（庚戌）	1429（己酉）	1428（戊申）	1427（丁未）	1426（丙午）	紀年（干支）
宣宗宣德五年	宣宗宣德四年	宣宗宣德三年	宣宗宣德二年	宣宗宣德元年　明	帝王稱號
				後金	
				清	

該年重要記事

1426（丙午）

＊ 宣宗宣德（1426-1434）年間，用黃銅添加金銀等鑄成的香爐，工藝考究，世稱「宣德爐」。

❹月 命成山侯王通討伐交趾黎利。

❼月 立內書堂教宦官，自是宦官始通文墨。

❽月 漢王高煦據樂安反，宣宗親征降之。

1427（丁未）

＊ 劉吉（1427-1493）生。

＊ 沈周（1427-1509）生。

❿月 與黎利議和，自安南撤兵，撤交趾布政使司。

1428（戊申）

❾月 宣宗至喜峰口外遇兀良哈犯邊，大敗之後班師回京。

1429（己酉）

❻月 於運河沿岸諸重鎮始設鈔關，凡往來商船分別納鈔完稅。

1430（庚戌）

＊ 1430 年前後，眼鏡傳入中國，但使用尚不普遍。

❻月 鄭和第七次下西洋。

❾月 命于謙等六名侍郎巡撫兩京、山東、山西、河南、江西、浙江、湖廣等處，是爲各地專設巡撫之始。

參照

◆ 劉吉：內閣大學士，被戲稱爲劉棉花。與萬安、劉翊被貶稱爲「紙糊三閣老」。

◆ 沈周：吳門畫派創始人。與唐寅、文徵明、仇英合稱「明四家」。

掛2塊玻璃在眼睛上好奇怪哦！

1436 （丙辰）	1435 （乙卯）	1434 （甲寅）	1433 （癸丑）	1432 （壬子）	1431 （辛亥）
英宗正統元年	宣宗宣德十年	宣宗宣德 九年	宣宗宣德 八年	宣宗宣德 七年	宣宗宣德 六年

1436（丙辰）英宗正統元年

❾月
封黎利子麟爲安南國王。

❽月
徵金花銀繳納田賦。

❺月
始設提督學校官。

❷月
定經筵之制。定每年二月下旬、八月至十月下旬之每月初二、十二、二十二會講。在文華殿由精通經史官員爲皇帝講經說史。

1435（乙卯）宣宗宣德十年

❾月
以宦官王振爲司禮監。王振招權納賄，爲明代宦官亂政之始。

❶月
宣宗崩，太子朱祁鎮即位，爲英宗睿皇帝。當時英宗方九歲。楊士奇、楊榮、楊溥（三楊）輔政。

1434（甲寅）宣宗宣德九年

❽月
瓦剌王脫歡殺韃靼阿魯台。

1433（癸丑）宣宗宣德八年

閏
❽月
西域貢麒麟。

*
天方默德那國始遣使來。

1432（壬子）宣宗宣德七年

❹月
募商輸糧於邊，酬以鹽引，是爲「中鹽法」。

1431（辛亥）宣宗宣德六年

⓫月
復支運法，又命官軍兌運民糧，定加耗之制。

❻月
命黎利權署安南國事。

❸月
考察外臣。初命吏部考察布政及按察二司。

1443（癸亥）	1442（壬戌）	1441（辛酉）	1440（庚申）	1439（己未）	1438（戊午）	1437（丁巳）	紀年（干支）
英宗正統八年	英宗正統七年	英宗正統六年	英宗正統五年	英宗正統四年	英宗正統三年	英宗正統二年　明　後金　清	帝王稱號
❻月 宦官王振殺翰林院侍講劉球，將薛瑄下獄。 ＊ 鑄「針灸俞穴銅人像」，有666處穴位。	❾月 置太倉銀庫，用以儲「金花銀」。 ＊ 倭寇侵擾浙東，英宗命焦宏整飭浙、閩，以禦倭寇。	⓬月 王驥敗思任發。 ❶月 以兵部尚書王驥討麓川思任發。	❸月 大修北京宮殿，役工匠、官軍達七萬餘人。	＊ 瓦剌酋長脫歡死，子也先嗣，稱「太師」、「淮王」。	❹月 設大同馬市。	＊ 瓦剌酋長脫歡立元后脫脫不花為主，自立圍丞相，專權國事。	該年重要記事
	Hi，我是針灸銅人						參照

1449 (己巳)	1448 (戊辰)	1447 (丁卯)	1446 (丙寅)	1445 (乙丑)	1444 (甲子)
英宗正統十四年	英宗正統十三年	英宗正統十二年	英宗正統十一年	英宗正統十年	英宗正統九年

1444（甲子）英宗正統九年

❶月　發兵四路擊兀良哈。

1445（乙丑）英宗正統十年

＊　瓦剌也先侵哈密，又破兀良哈三衛，遠脅朝鮮，謀大舉進犯。

1446（丙寅）英宗正統十一年

❶月　授王振侄王林錦衣衛指揮僉事，並授太監錢僧保、高讓、曹吉祥、蔡忠等之弟侄輩副千戶，且令世襲。宦官世襲制始於此。

1447（丁卯）英宗正統十二年

❿月　浙江礦民葉宗留起兵反，攻政和（今福建松政）等地。

1448（戊辰）英宗正統十三年

❹月　福建鄧茂七等抗佃糧起義，號「剷平王」，國號太平。

龍溪爐主蔣福成亦聚萬餘人響應。

1449（己巳）英宗正統十四年

❷月　鄧茂七敗死。

❼月　瓦剌也先大舉南侵，英宗親征。

❽月　英宗至土木堡，兵敗被俘，王振被誅，史稱土木堡之變。郕王祁鈺（英宗之弟）監國。

❾月　郕王即帝位，尊英宗為太上皇。廣東南海黃蕭養起事攻廣州，稱東陽王（或順民天王）；貴州鎮民苗金台稱「順天王」，攻平越等地。

❿月　瓦剌犯京師，于謙擊退也先。

喝！幹嘛綁我。我是皇帝呢！

1455（乙亥）	1454（甲戌）	1453（癸酉）	1452（壬申）	1451（辛未）	1450（庚午）		紀年（干支）
景帝景泰六年	景帝景泰五年	景帝景泰四年	景帝景泰三年	景帝景泰二年	景帝景泰元年	明	帝王稱號
						後金	
						清	

<table>
景帝景泰六年欄：
❹月
韃靼小王子麻兒可兒貢馬駝。
</table>

1455（乙亥）	1454（甲戌）	1453（癸酉）	1452（壬申）	1451（辛未）	1450（庚午）
❹月 韃靼小王子麻兒可兒貢馬駝。	＊ 也先爲其部下阿剌所殺，立脫脫不花之子麻兒可兒，瓦剌勢衰，韃靼勢力復振。	❹月 命生員納米賑淮、徐飢，許入國子監。當時軍民亦許納粟入監，謂之俊秀。	❶❷月 於京師立團營，以于謙總其事。 ❻月 廢各省巡撫官。 ❺月 廢皇太子朱見深爲沂王，立朱見濟爲太子。 ＊ 京城「隆福寺商貿店」建立。	＊ 也先弒韃靼可汗脫脫不花。	❶月 以邊事需軍餉之故，始定給輸納賑濟制。凡生員獻粟、馬者皆給冠帶，官吏以罪廢者，納粟得復職。 ❼月 遣使赴也先迎太上皇（英宗）。 ❽月 英宗還，至北京後居南宮。 以曹吉祥節制諸軍，是爲內臣總京營之始。

參照

1461 （辛巳）	1460 （庚辰）	1459 （己卯）	1458 （戊寅）	1457 （丁丑）	1456 （丙子）
英宗天順 五年	英宗天順四年	英宗天順 三年	英宗天順 二年	英宗天順元年	景帝景泰 七年

❼ 月

太監曹吉祥謀反被誅。

❽ 月

轄輒罕來等分三道入犯。

❶ 月

石亨以「招權納賄」等罪入錦衣衛獄，死於獄中。

＊

蘇州名園「留園」約於此年建成。

＊

祝允明（1460-1526）生。

❽ 月

修《大明一統志》。

❶ 月

景帝病重，石亨、徐有貞迎英宗復辟，改元天順。殺于謙等人，廢景帝。史稱「奪門之變」。

❷ 月

廢景帝為郕王，景帝不久即過世。

❶❷ 月

封宦官曹吉祥養子曹欽為昭武伯，曹吉祥以司禮監總督大營，其子侄等皆為都督，封中官子弟官爵自始起。

◆ 祝允明：工詩文、善書法。「吳中四才子」之一。

紀年（干支）	1466（丙戌）	1465（乙酉）	1464（甲申）	1463（癸未）	1462（壬午）
帝王稱號	憲宗成化二年	憲宗成化元年	英宗天順八年	英宗天順七年	英宗天順六年　明
					後金 清

該年重要記事
憲宗成化二年 閏❸月 劉通敗。被俘後送京師處死。
憲宗成化元年 ❷月 韓雍於大藤峽破瑤。 ❹月 劉通等率荊襄流民四萬餘人於房縣大石廠起事。劉通稱「漢王」，年號德勝。
英宗天順八年 ❶月 英宗崩，遺詔停止用宮人殉葬。太子見深即位，為憲宗純皇帝。 ❷月 舊制由內閣、吏部授官，始由官宦傳旨直接授官，謂之「內批」。 ❿月 立武舉法。以沒收曹吉祥之田為「宮中皇莊」。皇莊之名從此開始。
英宗天順七年
英宗天順六年 ❾月 擴充錦衣衛獄。

參照

1472 （壬辰）	1471 （辛卯）	1470 （庚寅）	1469 （己丑）	1468 （戊子）	1467 （丁亥）
憲宗成化八年	憲宗成化 七年	憲宗成化六年	憲宗成化 五年	憲宗成化 四年	憲宗成化 三年

1472（壬辰）憲宗成化八年

＊王陽明（守仁）（1472-1528）生。

◆王守仁：別稱陽明先生，創良知之說，爲當代唯心論理學大師，其學說世稱「陽明學」。重要著作有《傳習錄》、《陽明全書》（即《王文成公全書》）等。

1471（辛卯）憲宗成化七年

❾月　定漕糧長運法。

＊安南黎灝滅占城，虜其王槃羅茶全。

1470（庚寅）憲宗成化六年

＊文徵明（1470-1559）生。

＊唐寅（1470-1523）生。

◆唐寅：字伯虎，工詩善畫。「明四家」與「吳中四才子」之一。

◆文徵明：詩文書畫皆工，而畫尤勝，世稱其畫兼有趙孟頫、倪瓚、黃公望之長，著有《甫田集》。「吳中四才子」之一、「明四家」之一。

1468（戊子）憲宗成化四年

＊日本以寧波民流落日本者遣使來貢。

1467（丁亥）憲宗成化三年

❶月　韃靼內鬨，孛來爲毛里孩所殺。

紀年（干支）	1478（戊戌）	1477（丁酉）	1476（丙申）	1475（乙未）	1474（甲午）	1473（癸巳）
帝王稱號	憲宗成化十四年	憲宗成化十三年	憲宗成化十二年	憲宗成化十一年	憲宗成化十年	憲宗成化九年　明　後金　清
該年重要記事		❺月 大學士商輅等彈劾西廠濫刑，憲宗不得已罷西廠。 ❶月 置西廠，由太監汪直領之，勢力大於東廠。	❺月 荊襄流民又起事，很快平定。	❷月 禁聽訟用夾棍等酷刑。	❶月 為防禦韃靼，命王越總制延綏、寧夏、甘肅三邊，總兵、巡撫以下聽其節制，為三邊總制之始。	＊吐魯番據哈密。以吐魯番不聽退出哈密之諭令，命赤斤（衛所名）等部合討之。
	❻月 復設西廠。					
參照						

1484 （甲辰）	1483 （癸卯）	1482 （壬寅）	1481 （辛丑）	1480 （庚子）	1479 （己亥）
憲宗成化 二十年	憲宗成化 十九年	憲宗成化 十八年	憲宗成化 十七年	憲宗成化十六年	憲宗成化 十五年

⓫
月
封罕慎爲哈密國王。

➏
月
設雲南孟密安撫司。

＊
王艮（1483-1541）生。

➍
月
哈密王子罕慎興兵攻哈密，逐吐魯番戍軍，復哈密。

➌
月
罷西廠。

❿
月
憲宗寵信道士，以道士鄧常恩爲太常寺卿，一時取中旨而授官之方技僧道，不可勝數。

➐
月
倭寇侵擾福建。

➊
月
遼東塞外各部入雲陽等堡大殺掠，以報去年汪直等侵劫之仇。

閏❿
月
＊
徐禎卿（1479-1511）生。

汪直等出兵遼東塞，焚殺貢使，遂激諸部報復。

◆ 王艮：泰州學派創始人。發端於陽明學派，但主張「重學行實」。

嘿嘿，皇上就是聽我的，你們羨慕不來的。

◆ 徐禎卿：文學家，著《談藝錄》等，與祝允明、唐寅、文徵明合稱「吳中四才子」。（與何景明、李夢陽、邊貢、康海、王九思、王廷相合稱「前七子」）。

1489 （己酉）	1488 （戊申）	1487 （丁未）	1486 （丙午）	1485 （乙巳）	紀年 （干支）
孝宗弘治二年	孝宗弘治元年	憲宗成化二十三年	憲宗成化二十二年	憲宗成化二十一年	**明** 帝王稱號
					後金
					清

該年重要記事

1489（己酉）

❽月　四川大饑荒，流民四出。詔令四川流民復業者，免三年雜役。

❶月　收已死宦官賜田給百姓。

＊魏良輔（1489-1566）生。

1488（戊申）

⓫月　吐魯番酋長殺忠順王罕慎，再次奪占哈密。

❷月　封哈密王罕慎為忠順王。

1487（丁未）

⓫月　丘濬（1420-1495）獻《大學衍義補》。

❿月　汰傳奉官二千餘人、遣逐僧道及西番法王國師等一千四百餘人。

❽月　憲宗（1447-1487）崩，太子祐樘即位，是為孝宗敬皇帝。

1486（丙午）

❹月　憲宗封金闕、玉闕真君為上帝，命大學士萬安寄於靈濟宮。

1485（乙巳）

❶月　定輪班匠以銀代役之法，南匠每名每月出銀九錢，免赴京服役；北匠每名每月出銀六錢，不願者仍舊服役。

憲宗因災變求直言，吏部給事中李俊等上疏：指斥近幸千紀、大臣不職等弊政，請罷修佛寺，遠方士妖僧，免傳奉官。憲宗採納後罷國師、傳奉官。

參照

◆魏良輔：取戈陽、海鹽等唱腔和民曲之長，改革崑腔（水磨腔），被後人稱為「崑曲之祖」。

流民

1495 （乙卯）	1494 （甲寅）	1493 （癸丑）	1492 （壬子）	1491 （辛亥）	1490 （庚戌）
孝宗弘治 八年	孝宗弘治七年	孝宗弘治 六年	孝宗弘治五年	孝宗弘治四年	孝宗弘治 三年

❺
月

定國子監生「歷事」期。

❿
月

立僉民壯法。命州縣於丁糧較多之家選年富力強者，聽有司訓練、調撥。富民不願者可繳納銀兩給官府，讓官府自行募之。

❿
月

以葉琪之議，改開中鹽法，廢止鹽商赴邊納糧，改為於運司納銀，領取鹽引。

❺
月

大學士丘濬上書，建議搜求天下遺書，分儲於內閣及兩京國子監。

❸
月

廣西壯族人韋朝威起事，攻占縣城、遣典史入縣撫諭，竟被烹食。

❶
月

大學士劉吉與南京守備蔣琮勾結，誣陷南京御史姜綰等十人下獄，兩京台諫為之一空。

◆歷事：國子監生習吏事。

1501 （辛酉）	1500 （庚申）	1499 （己未）	1498 （戊午）	1497 （丁巳）	1496 （丙辰）	明	紀年 （干支）
孝宗弘治 十四年	孝宗弘治 十三年	孝宗弘治 十二年	孝宗弘治 十一年	孝宗弘治 十年	孝宗弘治 九年	後金 清	帝王稱號
❹ 月 韃靼小王子大舉入寇，延綏、寧夏等皆遭蹂躪。	❷ 月 ＊ 吳承恩（1500-1582）生。 嚴旌舉連坐之法。		❼ 月 王越敗韃靼小王子於賀蘭山。	❸ 月 ＊ 孝宗敕大學士徐浦等儒臣纂修《大明會典》。 始設南贛巡撫，嗣兼提督軍務。	⑫ 月 刑部吏徐珪以東廠枉法橫行，上書請革之。反被革為民。		該年 重要記事
	◆ 吳承恩：《西遊記》作者。			我們可是最受歡迎的孫悟空和豬八戒。			參照

1507 （丁卯）	1506 （丙寅）	1505 （乙丑）	1504 （甲子）	1503 （癸亥）	1502 （壬戌）
武宗正德二年	武宗正德元年	孝宗弘治十八年	孝宗弘治十七年	孝宗弘治十六年	孝宗弘治十五年

1507（丁卯）武宗正德二年

③月 劉瑾矯詔以閣臣劉建等五十三人爲奸黨，榜之朝堂。

⑧月 作豹房。完成後武宗常處其中，恣意淫樂。

⓬月 開浙江、福建、四川銀礦。

1506（丙寅）武宗正德元年

②月 群臣以宦官主管畿府皇莊擾民，請召還之，武宗不從。

⓾月 以劉瑾掌司禮監。大學士劉建等謀請除宦官「八虎」，反被罷官。

＊ 歸有光（1506-1571）生。

◆歸有光：工詩文，與王慎中、唐順之等被稱爲唐宋派，爲明代文章大家。著有《震川集》、《三吳水利錄》等。人稱「震川先生」。

1505（乙丑）孝宗弘治十八年

⑤月 孝宗（1470-1505）崩，太子厚照即位，年十五歲。是爲武宗毅皇帝，改元正德。

⑧月 宦官劉瑾始用事。

◆劉瑾用事：1505-1510，用事專權，殘害異己，剝削百姓。

1503（癸亥）孝宗弘治十六年

＊ 俞大猷（1503-1579）生。

1502（壬戌）孝宗弘治十五年

＊ 使用「方格簍」育蠶。

＊ 出現填食肥育的填鴨法。

⓬月 《大明會典》修成。

紀年 (干支)	1511 (辛未)	1510 (庚午)	1509 (己巳)	1508 (戊辰)
帝王稱號	武宗正德 六年	武宗正德五年	武宗正德四年	武宗正德 三年　明
				後金
				清

該年重要記事

1511（辛未）武宗正德六年

❿月　霸州文安劉六、劉七等起事，橫行華北。

❽月　張永密奏劉瑾大逆諸事，武宗將劉瑾下獄，凌遲處死。

1510（庚午）武宗正德五年

❹月　安化王朱寘鐇以討劉瑾之名，於慶陽反，由楊一清等討平之。

❷月　以宦官張永總神機營。

1509（己巳）武宗正德四年

❾月　韃靼小王子入寇延綏。

❼月　四川劉烈起義，攻漢中等地。

❻月　江西樂平民汪澄二、汪浩八等起事，俘虜知縣，東鄉等地紛紛起應。

*　刊行《大明會典》。

1508（戊辰）武宗正德三年

❽月　劉瑾設內行廠，由劉瑾親領之，其殘暴更勝於東、西廠。

❻月　劉瑾矯詔捕朝官三百餘人下獄。

參照

東西廠有什麼了不起，我來設個更厲害的內廠

劉瑾

1517 （丁丑）	1516 （丙子）	1515 （乙亥）	1514 （甲戌）	1513 （癸酉）	1512 （壬申）
武宗正德十二年	武宗正德十一年	武宗正德十年	武宗正德九年	武宗正德八年	武宗正德七年

1517（丁丑）武宗正德十二年

❺月 王守仁敗南贛義軍。

＊ 葡萄牙人冒充滿剌加使者抵廣州，要求通商，明室不允。

1516（丙子）武宗正德十一年

❺月 錄自宮男子三千四百六十人充海戶。

＊ 葡萄牙人拉斐爾・比斯特羅由麻六甲至廣東，中國人稱之爲佛朗機，爲近世歐人正式到中國之始。

1515（乙亥）武宗正德十年

⓫月 遣太監劉允往烏斯藏招「活佛」。

1514（甲戌）武宗正德九年

⓬月 以重建乾清宮，加全國賦百萬。

❷月 武宗始由宦官導引，微行遊幸。

❶月 乾清宮失火。

＊ 海瑞（1514-1587）生。

1513（癸酉）武宗正德八年

❶月 調宣府、大同、遼東、延綏四鎮兵入京營，稱爲「外四家」，由江彬統領。武宗時常戎裝檢閱，稱爲「過錦」。

＊ 蘇州「拙政園」初步建成。

◆ 拙政園：中國四大名園之一。爲明朝鹽察御史王獻臣的辭官歸隱之處，取名「拙政園」是由「拙者亦爲政」一句而來。

1512（壬申）武宗正德七年

⓫月 自此劉六、劉七起事失敗。

❽月 江彬以鎮壓劉六、劉七義軍起家，賄賂錢寧得入豹房，爲武宗寵信，收爲義子。

1520（庚辰）	1519（己卯）	1518（戊寅）	1517（丁丑）	紀年（干支）
武宗正德十五年	武宗正德十四年	武宗正德十三年	武宗正德十二年　明	帝王稱號
			後金 清	
❷月 先是以「豬」音同「朱」，下養豬及殺豬禁令。大學士楊廷和請罷之。 ❸月 禮官奏豬爲祭陵必用之物，請弛禁。 閏❽月 武宗爲了自樹平亂功績，命去除宸濠枷鎖，伐鼓鳴金擒之，表示爲自己所俘。 ❿❷月 殺朱宸濠。	❷月 武宗自加「太師」，聲稱將南巡，諫者達數百人。 ❻月 寧王朱宸濠叛。 ❼月 王守仁敗朱宸濠，被俘。	❼月 王守仁平定江西。 ＊ 李時珍（1518-1593）生。	❽月 武宗微行出居庸關。 ❾月 武宗至宣府，自稱「總督軍務、威武大將軍、總兵官」，命戶部發銀百萬兩輸宣府。	該年重要記事
李時珍嘗百草		◆李時珍：《本草綱目》作者。是明代一位具有革新思想的傑出醫藥學家。		參照

1525（乙酉）	1524（甲申）	1523（癸未）	1522（壬午）	1521（辛巳）
世宗嘉靖四年	世宗嘉靖三年	世宗嘉靖二年	世宗嘉靖元年	武宗正德十六年

1521（辛巳）

* 徐渭（1521-1593）生。

3月　武宗（1491-1521）死於豹房。因無子，迎興獻王朱祐杬之子朱厚熜於安陸即帝位。罷武宗時荒淫諸政。朱厚熜至京即位，改明年為嘉靖元年，為世宗肅皇帝。

4月　詔議本生父興獻王朱祐杬尊號，「大禮議」遂起。

9月　以皇太后旨追尊興獻王為興獻帝，王妃蔣氏為興獻后。

◆ 徐渭：明代文人畫家，寫意派名家，尤工於寫意花卉。

1522（壬午）

11月　山東青州礦丁王堂等起事。

1523（癸未）

4月　兩京、山東、河南等地大旱。世宗於宮中各處建醮，道士勢漸盛。

6月　日本貢使兩批前後至寧波，因爭真偽，互相攻殺。

1524（甲申）

4月　詔追尊父親為「本生皇考恭穆獻皇帝」，母親為「本生聖母章聖皇太后」。

7月　禮部侍郎何孟春等兩百餘朝臣跪於左順門請願，要求皇帝接受「大禮議」主張。激怒世宗，導致134人下獄，16人被杖死，史稱「左順門」事件。

1525（乙酉）

8月　天方（阿拉伯）等國遣使來貢。

紀年 （干支）	1526 （丙戌）	1527 （丁亥）	1528 （戊子）	1529 （己丑）	1530 （庚寅）
帝王稱號	明　世宗嘉靖五年	世宗嘉靖六年	世宗嘉靖七年	世宗嘉靖八年	世宗嘉靖九年
	後金 清				
該年 重要記事	**❼** 月　李福達之獄起。 **❸** 月　定官吏久任法。 **❷** 月　以龍虎山道士邵元節為眞人，賜銀印。 ＊　王世貞（1526-1590）生。	**❾** 月　世宗命張璁、桂萼、方獻夫署三法司覆審李福達獄並以此案原委輯《欽明大獄錄》。	＊　王守仁平兩廣諸蠻。 **❻** 月　頒《明倫大典》於天下。 **❽** 月　戚繼光（1528-1587）生。		**❿** 月　正孔子祀典，尊孔子曰至聖先師。 ＊　在北京正陽、安定、朝陽、阜城四門之外，建圜丘、方澤、朝日、夕月四壇，稱「四郊壇」。
參照	◆　王世貞：明代文學家，與李攀龍為「後七子」領袖。後七子分別為李攀龍、王世貞、吳國倫、宗臣、徐中行、梁有譽、謝榛。標榜復古，倡言「文必秦漢，詩必盛唐」。著有《弇州山人四部稿》、《弇山堂別集》等。		◆　戚繼光：明代抗倭名將。		

1537（丁酉）	1536（丙申）	1535（乙未）	1534（甲午）	1533（癸巳）	1532（壬辰）	1531（辛卯）
世宗嘉靖十六年	世宗嘉靖十五年	世宗嘉靖十四年	世宗嘉靖十三年	世宗嘉靖十二年	世宗嘉靖十一年	世宗嘉靖十年

❷月

安南遣使告莫登庸奪國之難，明出兵。

❻月

整飭茶馬法。

❺月

世宗命拆宮中佛殿、焚佛牙、佛骨，毀佛像169座等。

＊

朱載堉（1536-1582）生。

＊

出現鄢陵種植玉米的記載。表示玉米傳入中國當在此之前。

❿月

因韃靼小王子屯兵大同塞外，大同總兵李瑾督役卒挖浚濠溝，甚爲嚴苛，役卒王福勝、王保等數十人發動兵變，殺李瑾。

＊

羅欽順（1465-1547）撰成《困知記》，是中國哲學史首次系統論述理氣關係。

◆朱載堉：寫作《樂律全書》。用科學方法解決了音樂理論中樂律的問題，並保存了許多樂譜和舞譜。

我是明日之星「玉米」，特來中國登台。

紀年（干支）	1542（壬寅）	1541（辛丑）	1540（庚子）	1539（己亥）	1538（戊戌）
帝王稱號 明	世宗嘉靖二十一年	世宗嘉靖二十年	世宗嘉靖十九年	世宗嘉靖十八年	世宗嘉靖十七年
後金					
清					

該年重要記事

1542（壬寅）世宗嘉靖二十一年

❿月
宮婢楊金英等謀害世宗未成，被殺。自此世宗移居西苑。

❼月
嚴嵩入閣預機務。

❻月
俺答入寇山西。

1541（辛丑）世宗嘉靖二十年

❹月
安南莫登庸請降，改安南國爲安南都統使司，以登庸爲都統使，改其十三道爲宣輔司。

1540（庚子）世宗嘉靖十九年

❽月
世宗好神仙術，欲令太子監國，專事修道，太僕卿楊最力諫，被杖死。

❻月
以十年來江、海不靖，船多遭劫，置鎮守江淮總官兵，督兵鎮壓。

1539（己亥）世宗嘉靖十八年

❷月
立皇子朱載壡爲皇太子，朱載垕爲裕王，朱載圳爲景王。

＊
葡萄牙人傳入鐵砲。

1538（戊戌）世宗嘉靖十七年

❸月
命仇鸞、毛伯溫等統兵助安南擊莫登庸，旋罷兵。

＊
吏部尚書許讚藉口「官學不修，別起書院，耗財擾民」，請毀天下書院，世宗從之。

參照

1549 （己酉）	1548 （戊申）	1547 （丁未）	1546 （丙午）	1545 （乙巳）	1544 （甲辰）	1543 （癸卯）
世宗嘉靖 二十八年	世宗嘉靖 二十七年	世宗嘉靖 二十六年	世宗嘉靖 二十五年	世宗嘉靖 二十四年	世宗嘉靖 二十三年	世宗嘉靖 二十二年

1549（己酉）世宗嘉靖二十八年
- ❷月 朱紈（浙江巡撫兼管福建等處海道）整頓海防，已具規模，大破爲倭作倀之盗。
- * 江南水稻品種達三十八個。
- ❽月 俺答犯宣府。

1548（戊申）世宗嘉靖二十七年
- ❸月 曾銑、夏言力主恢復河套。曾銑被嚴嵩所殺，夏言入獄（10月被處死）。
- 俺答犯大同。

1547（丁未）世宗嘉靖二十六年
- ⓫月 葡萄牙人掠漳州府月港。
- ❼月 朱紈督沿海軍務，以禦倭寇。
- ❹月 俺答再請入貢，明朝復拒。

1546（丙午）世宗嘉靖二十五年
- ❺月 俺答遣使至大同要求入貢與互市，明朝拒之，使者被邊兵所殺。

1545（乙巳）世宗嘉靖二十四年
- ❷月 詔有司招流民復業，給牛具、種子，墾荒田者，免賦十年。
- ❽月 建州女眞犯遼東松子嶺。

1544（甲辰）世宗嘉靖二十三年
- * 日本來貢，因無表文而卻之。
- ❺月 建州女眞八萬騎犯鴉鶻關。
- ❿月 俺答掠薊州，京師戒嚴。

1543（癸卯）世宗嘉靖二十二年
- ❽月 俺答入侵延綏。

夏言處死

紀年（干支）	1549（己酉）	1550（庚戌）	1551（辛亥）	1552（壬子）
帝王稱號	世宗嘉靖二十八年　　明 後金 清	世宗嘉靖二十九年	世宗嘉靖三十年	世宗嘉靖三十一年
該年重要記事	**❸**月 朱紈擊退行劫至詔安的佛郎機國人，擒李光頭等九十六人。 **❼**月 浙江海盜汪直等與倭寇相結，大掠沿海。 **❾**月 朵顏犯遼東。	**＊** 顧憲成（1550-1612）生。 **＊** 湯顯祖（1550-1616）生。 **❼**月 朱紈被通倭勢力彈劾擅殺，命逮朱紈，紈悲憤服毒自殺（1494-1550）。 **❽**月 俺答入逼北京，於城外掠奪八日後而去，史稱「庚戌之變」。 **❾**月 罷京師團營，改爲神樞、五軍、神機三大營。	**❸**月 俺答遣使至大同、宣府貢馬，開大同、宣府馬市。	**❶**月 俺答犯大同。 **❷**月 罷大同馬市。 **❹**月 倭寇侵浙江。大掠舟山、象山，流動於溫、台、寧、紹間。
參照		◆ 顧憲成：東林黨創始人。 ◆ 湯顯祖：著名戲曲家，名著《牡丹亭》、《南柯記》等等。	奴家可是牡丹亭的主角杜麗娘	

1557（丁巳）	1556（丙辰）	1555（乙卯）	1554（甲寅）	1553（癸丑）
世宗嘉靖三十六年	世宗嘉靖三十五年	世宗嘉靖三十四年	世宗嘉靖三十三年	世宗嘉靖三十二年

1553（癸丑）

* 歐陽德、聶豹、徐階、程文德等集四方名士於北京靈濟宮，講論王守仁「致良知」說，聽講者多達五千人，盛況為數百年所未見。

❶月 楊繼盛因彈劾嚴嵩十大罪、五奸而下獄。

* 葡萄牙人賄賂明地方官，被許入澳門通商。

❸月 汪直引倭寇劫掠江、浙沿海。

閏❶❶月 鑄洪武至正德九號錢，每號百萬錠。

1554（甲寅）

❸月 因錢法混亂，私鑄惡錢氾濫，乃更定錢法，嘉靖錢七文，洪武等號錢十文，前代錢三十文皆當錢一分，私鑄之惡錢停止使用。

❺月 倭寇自崇明一路掠至蘇州、昆山。

1555（乙卯）

* 董其昌（1555-1636）生。

❷月 張經辦理倭事無效，命嚴嵩義子趙文華督視海防，處理東南軍務。

❹月 調廣西「狼兵」，與倭戰於漕涇，不利後倭日益猖獗。

❺月 張經、俞大猷敗倭。

❶０月 因嚴嵩、趙文華等構陷，殺張經、楊繼盛。

1556（丙辰）

❽月 胡宗憲殺海盜徐海，自此兩浙倭寇勢力漸弱。

1557（丁巳）

❶❶月 胡宗憲誘殺汪直，倭寇元氣大衰。

* 葡萄牙人在澳門搭蓋房屋居住，為其盤據澳門之始。

◆ 董其昌：華亭畫派的大家，創作的山水兼書、詩、畫之美。在繪畫上提出「南北宗」的理論，對促進文人畫概念影響很大。

1563 （癸亥）	1562 （壬戌）	1561 （辛酉）	1559 （己未）	1558 （戊午）	紀年 （干支）
世宗嘉靖 四十二年	世宗嘉靖四十一年	世宗嘉靖 四十年	世宗嘉靖 三十八年	世宗嘉靖 三十七年　　明	帝王稱號
				後金 清	
❾月 復令崇文門宣課司徵商稅。 ❹月 戚繼光、俞大猷大破倭寇於福建平海，為剿倭以來空前大捷。	⓫月 以倭勢力猖獗，命俞大猷、戚繼光為正副總兵以剿辦之。 ❽月 《永樂大典》藏樓失火，重錄正副兩本，以備意外。 ❺月 嚴嵩及其子嚴世蕃之奸暴露，嚴嵩罷官、嚴世蕃下獄。 ＊ 徐光啓（1562-1633）生。	❹月 倭寇浙江，戚繼光出擊，先後九戰皆捷。 ＊ 范欽（1506-1585）主持建「天一閣」。	❽月 俺答入侵土木堡。	⓫月 俞大猷逐倭出浙江界。 ❸月 吳時來、張仲、董傳策奏劾嚴嵩，反俱謫戍邊遠衛所。	該年 重要記事
	◆徐光啓：向義大利人利瑪竇學天文、算法、火器，尤其專精於曆法。著有《農政全書》等書，並翻譯《幾何原本》前六卷等。	◆范欽：明朝著名藏書家。天一閣是現存中國最早的私人藏書樓，藏書最多達七萬多卷。			參照

1569 （己巳）	1568 （戊辰）	1567 （丁卯）	1566 （丙寅）	1565 （乙丑）	1564 （甲子）
穆宗隆慶三年	穆宗隆慶二年	穆宗隆慶元年	世宗嘉靖 四十五年	世宗嘉靖 四十四年	世宗嘉靖 四十三年

8月 廣東大盜曾一本被俘後處死。

1月 俺答犯大同，改總理練兵事戚繼光爲總兵官，鎮守薊州、永平、山海關等處。

12月 江西始正式實行「一條鞭法」。

9月 遣官總理九邊屯鹽，改訂鹽法。

8月 大學士張居正上核名實、飭武備等六事。

6月 廣東大盜吳平殘部曾一本攻廣州，次月（7月）犯廉州。

5月 命戚繼光總理薊州、保定、昌平三鎮練兵事。

4月 重錄《永樂大典》成。

* 張居正任大學士。

* 穆宗時（1567-1572）發明了「種痘法」。

12月 世宗（1507-1566）崩，太子載垕即位，是爲穆宗莊皇帝，改明年爲隆慶元年。逮方士王金等入獄，釋海瑞。

4月 俺答入侵遼東。

11月 以潘季馴總理河道。潘季馴治河有能名，其術多爲後世所宗。

3月 誅嚴世蕃。

7月 順天府尹劉畿以所屬正賦不過十萬餘，而額外加編乃至十一萬餘，力言提編之弊。

戚繼光鎮守邊關

1574 （甲戌）	1573 （癸酉）	1572 （壬申）	1571 （辛未）	1570 （庚午）	紀年 （干支）
神宗萬曆 二年	神宗萬曆元年	穆宗隆慶 六年	穆宗隆慶 五年	穆宗隆慶 四年　明	帝王稱號 後金 清
* 倭寇犯浙江寧、紹、台、溫四府，又陷廣東銅鼓衛，爲總兵官張元勛所破。	⓫ 月 朵顏犯邊，戚繼光敗之。 ❶ 月 司禮太監馮保利用浙江傭奴王大臣，製造持刀入宮事件，用以構陷故首輔高拱，不成功後王大臣被殺。 * 張居正議立「考成法」，以整頓吏治，推行改革。變法開始，史稱「張居正改革」。	⓬ 月 內閣首輔張居正獻《帝艦圖說》。	❺ 月 穆宗（1537-1572）崩，太子翊鈞即位，是爲神宗顯皇帝，年僅十歲。	❻ 月 詔江西燒造瓷器十二萬餘件，陝西織造羊絨三萬兩千兩百餘匹，費一百數十萬兩。言官諫，穆宗不聽。 ❸ 月 俺答勢挫與明議和，封順義王。	❿ 月 俺答孫把漢那吉以俺答奪其妻三娘子，怒降明。 ❷ 月 更京營制，分三大營。以文臣爲總理，以侯、伯充各營總官兵。	該年 重要記事
					參照

張居正改革

1578（戊寅）	1577（丁丑）	1576（丙子）	1575（乙亥）	1574（甲戌）
神宗萬曆六年	神宗萬曆五年	神宗萬曆四年	神宗萬曆三年	神宗萬曆二年

1574（甲戌）神宗萬曆二年

❹月　給事中張楚成建言行久任之法。

❿月　建州女眞王杲大舉犯遼東，爲巡撫張學顏、總兵李成梁敗之。

1575（乙亥）神宗萬曆三年

❶月　新建遼東六邊堡成，得以控制撫順南北。

1576（丙子）神宗萬曆四年

❸月　戚繼光修三屯營成。

1577（丁丑）神宗萬曆五年

❾月　張居正父喪，未卸職丁憂，眾官彈劾其「謀位忘親」。

❿月　因論張居正「奪情」，杖責、罷黜編修吳中行等人。

1578（戊寅）神宗萬曆六年

＊　俺答汗尊黃教鎮南堅錯爲「聖識一切瓦齊爾達喇達賴喇嘛」，即達賴喇嘛三世，是爲「達賴喇嘛」稱號之始。

＊　李時珍《本草綱目》完成。

⓬月　張居正請丈天下田畝。

◆《本草綱目》：全書約 190 萬字，共分 52 卷，收載藥物 1892 種，其中有 374 種是李時珍新增。還有藥方一萬多個，插圖一千多幅。此書不但是藥物學方面的傑出著作，而且對礦物學、化學、動植物學都有相當的貢獻。不僅促進了中國醫藥學的發展，對世界藥物學的進展，也作出了傑出的貢獻。

1583 （癸未）	1582 （壬午）	1581 （辛巳）	1580 （庚辰）	1579 （己卯）	紀年 （干支）
神宗萬曆 十一年	神宗萬曆十年	神宗萬曆 九年	神宗萬曆 八年	神宗萬曆 七年　　明	帝王稱號
				後金 　　　清	

					該年 重要記事
❾月 傳教士羅明堅、利瑪竇留居廣東肇慶。 **❺**月 努爾哈赤起兵進攻尼堪外蘭，開始統一女眞的戰爭。 閏**❷**月 封俺答子乞慶哈爲順義王。	**❽**月 義大利耶穌會士利瑪竇抵澳門。 **❻**月 張居正（1525-1582）卒。 **❹**月 杭州民變。與兵變皆敗。 **❸**月 杭州兵因減餉而譁變。也被殺。 ＊ 建州女眞王杲之子阿台犯瀋陽，李成梁敗之，阿台被殺。女眞酋長努爾哈赤祖父、父親在前往救援阿台時	＊ 全面推行「一條鞭法」。	＊ 凌蒙初（1580-1644）生。	**❶**月 張居正惡士大夫競相講學，空談廢業，請廢書院。先後毀書院64處，改爲公廨。	

					參照
	利瑪竇抵澳門		◆ 凌蒙初：小說家，著《初刻拍案驚奇》、《二刻拍案驚奇》等。		

1589 （己丑）	1588 （戊子）	1587 （丁亥）	1586 （丙戌）	1585 （乙酉）	1584 （甲申）
神宗萬曆十七年	神宗萬曆十六年	神宗萬曆十五年	神宗萬曆十四年	神宗萬曆十三年	神宗萬曆十二年

1589（己丑）神宗萬曆十七年

❹月
李圓朗、王子龍於廣東始興、翁源以白蓮教聚眾起義。

❸月
太湖劉汝國起事，稱順天安民王，旋敗死。

❶月
努爾哈赤征服鴨綠江部，明封其為建州衛都督僉事。

＊
免升授官面謝，神宗視朝漸少。

1588（戊子）神宗萬曆十六年

＊
努爾哈赤統一建州五部。

1587（丁亥）神宗萬曆十五年

❷月
封俺答孫撦力克為順義王，其妻三娘子為忠順夫人。

❶月
重修《大明會典》成。

＊
利瑪竇入南京。

1586（丙戌）神宗萬曆十四年

＊
徐霞客（1586-1641）生。

◆徐霞客：地理學家。《徐霞客遊記》作者。

1585（乙酉）神宗萬曆十三年

❸月
因大臣力諫，終於罷之。

❶月
神宗常集宦官三千人，授甲操於宮中，號曰「內操」。

＊
四川建武所兵變，傷總兵官沈思學。

1584（甲申）神宗萬曆十二年

❹月
籍沒張居正家，張居正長子自縊而死。

＊
利瑪竇繪製《坤輿萬國全圖》，中國人始見世界地圖。

徐霞客

1593（癸巳）	1592（壬辰）	1591（辛卯）	1590（庚寅）	紀年（干支）
神宗萬曆二十一年	神宗萬曆二十年	神宗萬曆十九年	神宗萬曆十八年　明	帝王稱號
			後金 清	

該年重要記事

1590（庚寅）神宗萬曆十八年

❶月 以大理評事雒于仁諫疏指陳闕失，閣臣申時行見神宗執意不回，恐置之重典，乃主張留中不發，自是章奏留中遂成爲例。

❷月 神宗停日講，自後講筵遂永罷。

1591（辛卯）神宗萬曆十九年

⓬月 定外戚庄田之制。

1592（壬辰）神宗萬曆二十年

＊ 程大位（1520-1600）完成珠算著作《算法統宗》。

❶月 寧夏致仕副總兵官哱拜舉兵反，與韃靼勾結，當年平之（9月）。

❺月 日本豐臣秀吉入侵朝鮮，陷王京，朝鮮王李　來義州求援。

⓾月 以李如松爲防海御倭總兵官。（1592-1598，明軍援朝抗倭。）

1593（癸巳）神宗萬曆二十一年

＊ 葉赫糾扈倫三部、長白山三部、蒙古三部等九部犯建州，努爾哈赤大敗之。

❶月 明派李如松出兵援朝鮮，大敗日軍於平壤。

❹月 日軍因缺糧，棄王京（今漢城）而退。

❼月 沈惟敬赴日本議和，撤明軍主力回國。

參照

1597 （丁酉）	1596 （丙申）	1595 （乙未）	1594 （甲午）
神宗萬曆 二十五年	神宗萬曆二十四年	神宗萬曆二十三年	神宗萬曆二十二年

1597（丁酉）神宗萬曆二十五年

❸ 月　以楊鎬爲僉都御史，經略朝鮮軍務。邢玠總督薊、遼、保定軍務。

＊　日復侵朝鮮，出兵援之。

❼ 月　播州土官楊應龍舉兵反，攻江津、南川等。

⓬ 月　邢玠、楊鎬與日軍大戰於蔚山。

1596（丙申）神宗萬曆二十四年

❼ 月　因東西用兵、營建宮室，導致經費支絀，於是遣宦官於畿輔、河南、山東等地開礦，出使宦官趁機敲詐勒索。

＊　《本草綱目》在金陵（今南京）正式刊行。

❾ 月　豐臣秀吉再侵朝鮮。

❿ 月　始命宦官至通州、天津徵稅，稅吏四出，民怨更甚。

1595（乙未）神宗萬曆二十三年

❶ 月　遣使封豐臣秀吉爲日本國王。

＊　黃河自金代明昌五年（1194）分二道入海。弘治五年（1492），整治黃河；至此，黃河始合一，由南道（經淮安東北）入海。

1594（甲午）神宗萬曆二十二年

❷ 月　「國本」之爭日熾。吏部郎中顧憲成被革職回籍，講學於東林書院。

❽ 月　孫丕揚（1532-1614）拜吏部尚書。因患太監之請託，乃創「掣籤法」，爲銓政之一大變革。

＊　蒙古科爾沁部、喀爾喀五部與努爾哈赤通好。

◆　「國本」之爭：神宗欲立鄭貴妃所生常洵爲嗣；內閣大學士申時行等請早立皇長子常洛。

豐臣秀吉

紀年 (干支)		1598 (戊戌)	1599 (己亥)	1600 (庚子)	1601 (辛丑)
帝王稱號	明	神宗萬曆 二十六年	神宗萬曆 二十七年	神宗萬曆二十八年	神宗萬曆二十九年
	後金				
	清				
該年 重要記事		❶月　攻蔚山之兵，楊鎬及將領率先奔逃，全軍大潰，但楊鎬反報以捷聞。 ❽月　豐臣秀吉（1537-1598）卒，日軍撤離朝鮮。	＊　努爾哈赤命取蒙文字爲基礎創製滿文，滅哈達等部。 ＊　遣宦官四處徵稅，採礦，領浙江、廣東市舶司，核全國積儲等等。	❺月　鳳陽巡撫李三才等力陳礦稅之害，皆不報。地方官相繼以忤逆稅使而獲罪。 ❻月　楊應龍兵敗自殺。 ＊　各省多告災，又苦於礦稅，兵民多不聊生。 ＊　1600年前後，菸草傳入我國。	❷月　利瑪竇入北京，自稱「大西洋人」。獻自鳴鐘、《坤輿萬國全圖》（隔年1602年於北京刊行），獲准留居北京傳教。 ❻月　蘇州民變，殺織造太監參隨六人。吏部尚書李戴以京畿、山東、河南、山西大旱，民不聊生，亟言礦稅之害，依然不報。
參照					

1605 （乙巳）	1604 （甲辰）	1603 （癸卯）	1602 （壬寅）
神宗萬曆三十三年	神宗萬曆三十二年	神宗萬曆 三十一年	神宗萬曆三十年

1605（乙巳）神宗萬曆三十三年

12月
閣臣沈鯉以「礦使出，破壞天下名山大川靈氣盡矣，恐於聖躬不利。」勸說，神宗終詔罷天下開礦。命稅務歸有司，歲以所入之半輸內府，另一半入戶、工二部。然礦監並未撤，其虐如故。
罷採廣東珠池、雲南礦井。

7月
復五路台吉（蒙古貴族稱號，韃靼部俺答諸子孫皆稱之）貢市。

1604（甲辰）神宗萬曆三十二年

7月
荷蘭人抵澎湖。

4月
河督李化龍徵集民工開泇河，避開運河舊道溯黃河上至徐州三百里之風險，時稱「東運河」，於此時竣工。
努爾哈赤略地葉赫。

*
無錫建東林書院，顧憲成、其弟顧允成、高攀龍等講學其中，品評人物，諷議朝政，時人謂之「東林黨」。

1603（癸卯）神宗萬曆三十一年

*
努爾哈赤自呼蘭哈達移居赫圖阿拉，築城居之。

1602（壬寅）神宗萬曆三十年

*
張溥（1602-1641）生。

2月
神宗暴病，諭撤礦監、稅監、停江南織造、江西燒造等。病癒即後悔，命追回前詔。

3月
雲南騰越民不堪稅監肆虐，奮起反抗。廣東、廣西也因礦稅而激起民變。

◆ 張溥：文學家，復社領袖。

紀年（干支）	1609（己酉）	1608（戊申）	1607（丁未）	1606（丙午）
帝王稱號　明	神宗萬曆三十七年	神宗萬曆三十六年	神宗萬曆三十五年	神宗萬曆三十四年
後金　清				
該年重要記事	＊努爾哈赤請明令朝鮮歸其境內女眞人。	＊努爾哈赤與明遼東守將盟誓，立碑於沿邊。	❸月努爾哈赤因海西女眞輝髮背約而滅之。 ❾月金沙江土目鄭舉因不堪武定知府陳典貪虐，結鄰近土司鳳繼祖之孫阿克起事，攻陷武定、嵩明、祿豐諸縣。 ❶❷月順義王撦力克卒，忠順夫人三娘子統所部。	＊蒙古喀爾喀部上汗號於努爾哈赤，尊稱爲神武皇帝。 ＊茶葉開始輸入歐洲。 ❸月雲南礦監楊榮虐殺吏民，指揮使賀世勛等率民萬餘，燒毀楊榮住宅，殺楊榮及其徒黨二百餘人。因沈鯉力爭，僅誅賀世勛。 ❶❷月遼東守將李成梁以遼東寬甸等六堡孤立難守，建議朝廷棄之，盡徙居民於內地。自此，遼東藩籬盡撤，便於滿洲南下。
參照				

1613 （癸丑）	1612 （壬子）	1611 （辛亥）	1610 （庚戌）
神宗萬曆 四十一年	神宗萬曆四十年	神宗萬曆 三十九年	神宗萬曆三十八年

1613（癸丑）　神宗萬曆四十一年

❶月
日本數度遣使要脅朝鮮，兵端漸露，朝鮮請明朝派兵相助。明恐兵餉難給，命朝鮮自行練兵。

＊
顧炎武（1613-1682）生。

＊
努爾哈赤滅烏喇。

＊
李之藻編譯的《同文算指》告成，內容包括四則運算與分數等，是書爲中國學者全面介紹歐洲筆算的首部著作。

◆ 顧炎武：明末清初著名思想家。著有《日知錄》、《天下郡國利病書》等。

1612（壬子）　神宗萬曆四十年

❹月
神宗二十餘年來，未接見大臣，導致政務廢墮，南京各道御史聯銜進言，不報。

＊
來徐光啓編《農政全書》，多所取資。

＊
傳教士熊三拔水利工程學著作《泰西水法》成書。後

1611（辛亥）　神宗萬曆三十九年

❶月
戶部尚書李三才被推都御史缺，忌者日眾，謗議紛然。工部郎中邵輔忠逐彈劾三才大奸似忠，大詐似直，列具貪僞險橫四大罪。給事中馬從龍、御史董兆舒、彭端吾等人相繼爲三才辯解。引起激烈黨爭。

❺月
御史徐兆魁彈劾顧憲成等東林講學諸人，自此朝臣相攻如仇。

1610（庚戌）　神宗萬曆三十八年

❶月
利瑪竇、龐迪峨、熊三拔等所傳西洋曆法據以修曆；西曆用於中國自此開始。

❹月
利瑪竇（1552-1610）歿於北京。因日食，禮官請召通曆法者與監官考正曆法。李之藻等參用

＊
黃宗羲（1610-1695）生。

＊
《金瓶梅》刻刊，署名蘭陵笑笑生。

◆ 黃宗羲：明末清初思想家，尤深於史學。著《明儒學案》、《明夷待訪錄》等。

日韓戰爭

紀年（干支）	1614（甲寅）	1615（乙卯）	1616（丙辰）
帝王稱號	神宗萬曆四十二年　明	神宗萬曆四十三年	神宗萬曆四十四年
	後金		太祖努爾哈赤天命元年
	清		

該年重要記事

1614（甲寅）

❸ 月

＊蒙古科爾沁、扎魯特王公先後以女妻努爾哈赤諸子。

福王常洵就藩河南。賜庄田兩萬頃，河南田不足，再以山東、湖廣田益之。

1615（乙卯）

❺ 月

＊努爾哈赤建佛寺與玉皇廟。將原建四固山（四旗）改為八固山（八旗）。

男子張差持梃入皇太子所居慈寧宮，傷守門太監李鑒，被執下法司訊問，稱係鄭貴妃手下宦官龐保、劉成指使，最後以殺張差含混了事，是為「梃擊案」。

1616（丙辰）

❶ 月

努爾哈赤統一女眞，即汗位於赫圖阿拉，國號金，建元天命。金後改為清，為清太祖高皇帝。

＊「南京教案」發生：禮部侍郎沈榷三次上書，稱天主教傳教士與白蓮教有染，圖謀不軌，徐光啓為天主教力辯無效。7月，沈榷聯合大學士方從哲及宦官魏忠賢圍南京教堂，王豐肅、謝務祿等外國傳教士被逮捕，後被押解澳門。這是明朝末年西洋傳教士在華的一次重大挫折。

參照

1620（庚申）	1619（己未）	1618（戊午）	1617（丁巳）
光宗泰昌元年	神宗萬曆四十七年	神宗萬曆四十六年	神宗萬曆四十五年
太祖天命五年	太祖天命四年	太祖天命三年	太祖天命二年

1617（丁巳）

＊ 兩京、山東、河南、陝西、湖廣、福建、廣東等地先後告災請賑，皆不報。

1618（戊午）

❸3月　努爾哈赤以「七大恨」誓師反明。攻陷撫順。

❹4月　命楊鎬經略遼東。

閏❾9月　以遼餉缺乏，加天下田賦，每畝3厘5毫。

1619（己未）

❷2月　楊鎬於遼東誓師，分兵四路攻後金。

＊ 王夫之（1619-1692）生。

❸3月　薩爾滸之役，努爾哈赤大敗楊鎬。

❻6月　改命熊廷弼經略遼東。

❽8月　楊鎬下獄，論死。

＊ 後金滅葉赫，統一扈倫四部。

❾9月　百官伏文華門請神宗臨朝聽政，帝遣宦官諭退之。

◆ 王夫之：與顧炎武、黃宗羲並稱明清之際三大思想家，著作爲後人刻成《船山遺書》。

1620（庚申）

❼7月　神宗（1563-1620）崩，遺詔罷礦稅、榷稅及稅監。發內庫銀兩百萬兩充邊餉。

＊ 英船育尼康號抵澳門，爲英船來華之始。

❽8月　子常洛即位，是爲光宗貞皇帝。詔改明年爲泰昌元年（因光宗在位僅一月，後以萬曆四十八年八月以後爲泰昌元年）。

❾9月　光宗病，服李可灼所進紅丸藥而崩（1582-1620），群臣譁然，爲「紅丸案」。太子朱由校即位。

紀年（干支）	1620（庚申）	1621（辛酉）	1622（壬戌）
帝王稱號 明	光宗泰昌元年	熹宗天啓元年	熹宗天啓二年
後金 清	太祖天命五年	太祖天命六年	太祖天命七年

該年重要記事

1620（庚申）

＊
光宗寵妃李選侍因照顧皇長子朱由校遷入乾清宮。在光宗死於紅丸案後，李氏與心腹太監魏忠賢密謀，欲居乾清宮挾皇長子自重。都給事中楊漣、御史左光斗等，爲防其干預朝事，逼迫李選侍移到仁壽殿嘰嚷宮（宮妃養老之所），是爲「移宮案」。

❿月
罷熊廷弼。改以袁應泰經略遼東。

1621（辛酉）

＊
三言於1621年開始（1621-1627）刊行。

＊
荷蘭雷約庇率船隊占據台灣南部，此後長期騷擾我東南沿海。

❸月
後金占瀋陽、遼陽，袁應泰自殺。

❻月
再起熊廷弼經略遼東。熊廷弼建三方布置策，屯馬步於廣寧，置水師於天津、登萊。

❾月
四川永寧土司奢崇明起事，占據重慶，破瀘州、遵義，並建號大梁。

1622（壬戌）

＊
荷蘭入侵澳門。

＊
德國耶穌會士湯若望來華。

＊
命教士陸若漢等人入京製銃砲。

❶月
明、後金戰於廣寧，明軍大敗。王化貞、熊廷弼退守山海關。後金先陷廣寧，又下義州。

參照

◆三言：《警世通言》、《醒世恆言》、《喻世明言》，由馮夢龍所著。

1625 （乙丑）			1624 （甲子）	1623 （癸未）	1622 （壬戌）
熹宗天啓五年			熹宗天啓四年	熹宗天啓 三年	熹宗天啓二年
太祖天命十年			太祖天命九年	太祖天命八年	太祖天命七年

❷
2
月

貴州水西土目安邦彥起事，號「羅甸大王」。

❺
5
月

山東白蓮教徐鴻儒作亂，徐自號「中興福烈帝」，稱大成興勝元年，以紅巾爲幟。

❽
8
月

命孫承宗督師經略山海關及薊遼、天津、登萊軍務。

❶
1
月

荷蘭人占澎湖、台灣。

❿
12
月

命魏忠賢提督東廠。

＊
葡萄牙耶穌會士安多德抵阿里，爲傳教士入西藏之始。

＊
明軍驅逐澎湖之荷蘭人。

＊
荷蘭人占台灣，築熱蘭遮城（安平）、赤崁城。

❻
6
月

楊漣彈劾魏忠賢二十四大罪，被斥。工部郎中萬燝劾魏忠賢，廷杖一百而死。

❸
3
月

《大秦景教流行中國碑》出土。

❻
6
月

金初都遼陽，稱東京。至此遷都瀋陽，後改爲盛京。

魏忠賢誣告楊漣、左光斗、魏大中、袁化中、周朝瑞、顧大章等人，受疆臣楊鎬、熊廷弼賄賂，命逮捕下獄。

楊、左、魏三人慘死獄中。

❽
8
月

毀天下東林黨講學之書院。

殺熊廷弼。

❾
9
月

賜魏忠賢「顧命元臣」金印，賜客氏「奉聖夫人」金印。

❿
12
月

榜示東林黨人姓名於天下。

來蓋熱蘭遮城！

紀年（干支）	帝王稱號			該年重要記事	參照
1628（戊辰）	思宗崇禎元年（明）	太宗天聰二年（後金）		❶ 正月 以袁崇煥為兵部尚書，都師薊遼。 ❹ 四月 有鑑於魏忠賢之禍，詔「中官非奉命不得出禁門」。 ❺ 五月 毀《三朝要典》。	
1627（丁卯）	熹宗天啓七年（明）	太宗天聰元年（後金）		❶ 正月 金遣使致書袁崇煥言和修好，因所求甚奢，袁回書責之。 ❷ 二月 朝鮮國王李倧奔江華島，遣使與後金約和，訂「江都之盟」。 ❺ 五月 皇太極大舉入侵，進攻錦州、寧遠，為袁崇煥敗之，是為「錦寧之捷」。 ❼ 七月 罷袁崇煥。 ❽ 八月 熹宗（1605-1627）卒。弟朱由檢即位，為思宗莊烈皇帝。明年改元為崇禎。 ⓫ 十一月 命逮治魏忠賢，忠賢畏罪自縊死。	
1626（丙寅）	熹宗天啓六年（明）	太祖天命十一年（後金）	（清）	＊ 西班牙占台灣淡水、雞籠。 ❶ 正月 努爾哈赤攻寧遠，袁崇煥誓死守城，以紅夷大砲重創努爾哈赤。以袁崇煥為遼東巡撫，抵抗後金。 ❷ 八月 努爾哈赤（1559-1626）死，第八子皇太極（1626-1629）即位，是為太宗皇帝，改明年元為天聰。	

1631 （辛未）	1630 （庚午）	1629 （己巳）	1628 （戊辰）
思宗崇禎四年	思宗崇禎 三年	思宗崇禎二年	思宗崇禎元年
太宗天聰五年	太宗天聰四年	太宗天聰三年	太宗天聰二年

1631（辛未）

❶ 1月
後金始鑄紅夷大砲。

❻ 6月
王嘉胤敗死於陽城，部下推王自用為帥，號紫金梁。

❾ 9月
以洪承疇總督三邊軍務，採取「以剿為主」方針。

結合高迎祥、張獻忠等三十六家於山西，米脂李自成亦參與策畫。

❿ 12月
後金禁私造廟宇，禁為喇嘛。

1630（庚午）

❻ 6月
張獻忠據米脂響應王嘉胤起兵，號「八大王」，人稱「黃虎」。

❽ 8月
明疑袁崇煥與後金通，磔於市。

1629（己巳）

❶ 1月
詔定魏忠賢逆案，將閹黨分為六等。

❹ 4月
後金設文館，命翻譯漢文書籍及記注本朝政事。

❺ 5月
因西法推算月蝕與實際吻合，議改曆法為西法。

❻ 6月
袁崇煥殺毛文龍。

❿ 10月
後金兵分三路攻明。

❿ 12月
思宗中後金反間計，將袁崇煥下於錦衣衛獄。

1628（戊辰）

❼ 7月
海寇鄭芝龍降明。

⓫ 11月
陝北因連年荒歉，飢民紛紛起義。王嘉胤、王左桂、高迎祥、王大梁等先後響應。高迎祥自稱闖王，王大梁稱大梁王。

處死袁崇煥

紀年（干支）	1632（壬申）	1633（癸酉）	1634（甲戌）	1635（乙亥）
帝王稱號	思宗崇禎五年　明	思宗崇禎六年	思宗崇禎七年	思宗崇禎八年
	太宗天聰六年　後金	太宗天聰七年	太宗天聰八年	太宗天聰九年
	清			

	1632（壬申）	1633（癸酉）	1634（甲戌）	1635（乙亥）
該年重要記事	＊ 小麥育種移栽技術、育種施肥技術及太湖流域「桑基魚塘」已在此前出現。 ＊ 後金征服蒙古察哈爾部。 ❸月 後金定儀仗制度，命達海增改滿文十二字頭加以圈點。	❷月 孔有德、耿仲明降後金。 ❺月 濟源之戰，王自用戰死，擁高迎祥為「闖王」。 ❿月 皮島總兵沈世奎欲誣陷廣鹿島副將尚可喜，使可喜蒙投金之意。	＊ 《崇禎曆書》成。 ❶月 尚可喜降後金。 ❸月 命孔有德、耿仲明、尚可喜旗用白鑲皂，以別於八旗。 ❹月 後金試滿、蒙、漢軍舉人，取十六名。 ❻月 高迎祥等人為陳奇瑜、盧象昇、洪承疇等擊敗，避入興安之車箱峽。 ❼月 李自成定計偽降，出車箱峽。	❶月 高迎祥等十三家七十二營會於滎陽。用李自成計，確定聯合作戰、分兵出擊之策。 ❷月 後金重編蒙古諸旗，分設蒙古八旗。
參照				

1638 （戊寅）	1637 （丁丑）	1636 （丙子）	1635 （乙亥）
思宗崇禎十一年	思宗崇禎十年	思宗崇禎九年	思宗崇禎八年
		天聰十年	太宗天聰九年
太宗崇德三年	太宗崇德二年	太宗崇德元年	

❸
月

❶
月

＊

由陳子龍、徐孚元、宋徵璧等輯成《皇明經世文編》。

洪承疇敗李自成於四川梓潼。

開福建海禁，通市佐餉。

曹變蛟敗李自成於洮州、左良玉敗張獻忠於南陽。

❺
月

❷
月

宋應星《天工開物》初刊行世。

兵部尚書楊嗣昌建策以四正、六隅之法以困流寇。

李自成等為孫傳庭所敗，進入四川秦州。

❿
月

❼
月

❹
月

皇太極稱帝，改國號為大清，改元崇德。

高迎祥為陝西巡撫孫傳庭所敗，被俘處死。部下擁李自成為「闖王」。

張獻忠破襄陽。

❾
月

❽
月

❹
月

鄭芝龍大敗海盜劉香，海事稍靖。

洪承疇、盧象昇分掌攻擊軍事。洪主持西北軍事，盧主持東南軍事。

高迎祥、李自成為洪承疇所敗，走河南與張獻忠合併。

◆
《天工開物》：中國古代一部綜合性的科學技術百科全書。

◆
四正、六隅：以陝西、河南、湖廣、江北為四正，四巡撫分剿而專防；以延綏、山西、山東、江南、江西、四川為六隅，六巡撫分防而協剿。合起來成為十面之網。

天工開物圖

1642 （壬午）	1641 （辛巳）	1640 （庚辰）	1639 （己卯）	1638 （戊寅）		紀年 （干支）
思宗崇禎 十五年	思宗崇禎 十四年	思宗崇禎 十三年	思宗崇禎 十二年	思宗崇禎 十一年	明	帝王稱號
					後金	
太宗崇德七年	太宗崇德六年	太宗崇德五年	太宗崇德四年	太宗崇德三年	清	
❷月 ＊ 洪承疇被俘降清。 五世達賴推翻藏巴汗，形成三大領主的對藏統治。	⓫月 李自成破南陽，殺唐王朱聿鏌。 ❷月 張獻忠破襄陽，殺襄王朱翊銘。 ❶月 李自成破洛陽，殺福王朱常洵，發王府金銀賑濟災民。	⓬月 李自成至河南，飢民紛紛歸附，聲勢大振。	❼月 張獻忠、羅汝才大敗左良玉（1599-1645）。	⓬月 清兵犯鉅鹿，宣大總督盧象昇（1600-1638）戰死，徵洪承疇入衛京師。 ❻月 北京民廠災，死傷萬餘人。 兩畿、山東、河南旱災、蝗災。		該年重要記事
						參照

1644 （甲申）	1643 （癸未）
思宗崇禎十七年	思宗崇禎十六年
世祖順治元年	太宗崇德八年

❹月

李自成於北京稱帝。

❸月

李自成攻克北京，明亡。19日，明思宗（1571-1644）於煤山自縊而死。

❶月

李自成於西安稱帝，國號大順，建元永昌。

❿月

李自成破潼關，又破西安，改曰長安，號西京。

❾月

李自成大敗孫傳庭於襄陽。

❺月

張獻忠破漢陽、武昌，沉楚王朱華奎於江，自稱西王，改武昌為天授府。

◆煤山：今北京景山公園。

明思宗自縊

清

又號大清帝國，大清國、中華大清國，是中國歷史上最後一個朝代。

紀年 （干支）	1636 （丙子）	1637 （丁丑）	1638 （戊寅）
帝王稱號	太宗崇德元年　**清**	太宗崇德二年	太宗崇德三年
	天聰十年　**後金**		
	思宗崇禎九年　**明**	思宗崇禎十年	思宗崇禎十一年

	該年重要記事

1636（丙子）該年重要記事

❹月　皇太極稱帝，改國號為大清，改元崇德。

❺月　清設督察院。

❼月　高迎祥為陝西巡撫孫傳庭所敗，部下擁李自成為「闖王」。

❿月　張獻忠破襄陽。

⓫月　《太祖實錄》成。

⓬月　皇太極親攻朝鮮，前鋒入漢京（今韓國漢城），朝鮮王李倧避走。

1637（丁丑）該年重要記事

❶月　清兵入江華，俘朝鮮王後宮，朝鮮王稱臣上表請降。

❺月　李自成等為孫傳庭所敗，進入四川秦州。

❿月　清頒滿、蒙、漢字曆。

＊　清使封李倧為朝鮮國王，賜玉鈕金印。

＊　宋應星《天工開物》初刊行世。

1638（戊寅）該年重要記事

❶月　由陳子龍、徐孚元、宋徵璧等輯成《皇明經世文編》。

❷月　皇太極親征蒙古喀爾喀。

❸月　曹變蛟敗李自成於洮州、左良玉敗張獻忠於南陽。

＊　洪承疇敗李自成於四川梓潼。開福建海禁，通市佐餉。

參照

◆　《天工開物》：中國古代一部綜合性的科學技術百科全書。

皇太極稱帝

1642 （壬午）	1641 （辛巳）	1640 （庚辰）	1639 （己卯）	1638 （戊寅）
太宗崇德七年	太宗崇德六年	太宗崇德五年	太宗崇德四年	太宗崇德三年
思宗崇禎十五年	思宗崇禎十四年	思宗崇禎十三年	思宗崇禎十二年	思宗崇禎十一年

1642（壬午）

❿月 五世達賴推翻藏巴汗，形成三大領主的對藏統治。

* 圖伯特部達賴喇嘛遣使自清，受皇太極禮遇。

1641（辛巳）

⓫月 李自成破南陽，殺唐王朱聿鏌。

❶月 李自成破洛陽，殺福王朱常洵，發王府金銀賑濟災民。

* 張溥（1602-1641）卒。

* 徐霞客（1587-1641）卒。

◆ 張溥：文學家，復社領袖。

◆ 徐霞客：地理學家。

1640（庚辰）

⓬月 李自成至河南，飢民紛紛歸附，聲勢大振。

* 喀爾喀蒙古與厄魯特蒙古訂《蒙古－衛拉特法規》以御女眞。

1639（己卯）

❽月 清編定漢軍鑲黃、鑲白、鑲紅、正藍四旗。

❼月 張獻忠、羅汝才大敗左良玉（1599-1645）。

* 陳繼儒卒（1558-1639）

* 郝敬卒（1558-1639）

1638（戊寅）

⓬月 清兵犯鉅鹿，宣大總督盧象升（1600-1638）戰死，徵洪承疇入衛京師。

❻月 北京民廠災，死傷萬餘人。兩畿、山東、河南旱災、蝗災。

1644（甲申）	1643（癸未）	紀年（干支）

世祖順治元年	太宗崇德八年	清	帝王稱號
		後金	
思宗崇禎十七年	思宗崇禎十六年	明	

該年重要記事

1644（甲申）

❶月　李自成於西安稱帝，國號大順，建元永昌。

❸月　李自成攻克北京，明亡。19日，明思宗（1571-1644）於煤山自縊而死。

❹月　李自成於北京稱帝。

❺月　多爾袞率清軍入據北京。

　　　馬士英、史可法擁立明宗室朱由崧在南京稱帝，年號「弘光」，是為安宗簡皇帝。

❼月　多爾袞致書史可法勸降，史可法復書拒絕。

❾月　清世祖自瀋陽至北京。

❶❶月　張獻忠稱大西國王，建元大順，改成都為西京。

❶❷月　清稽查近京無主莊田，圈為旗田，分與八旗將士，漢民喪失田廬者眾多。

1643（癸未）

❽月　清太宗（1592-1643）卒，子福臨即位。為世宗章皇帝，睿親王多爾袞、鄭親王濟爾哈朗輔政。

❿月　李自成破潼關，又破西安，改曰長安，號西京。

＊　浙江東陽諸生許都於喪中起事，號「白頭兵」，破東陽等地，旋被誘殺。

參照

◆　煤山：今北京景山公園。

1647 （丁亥）	1646 （丙戌）	1645 （乙酉）
世祖順治四年	世祖順治三年	世祖順治二年

1645（乙酉）　世祖順治二年

＊
和碩特蒙古固使汗尊黃教領袖羅桑卻吉堅贊為班禪，西藏班禪稱號始見諸史冊。

＊
清以湯若望訂定《西洋新法曆書》稱《時憲曆》，頒行天下。

❹月
清軍破揚州，史可法（1606-1645）殉難。揚州遭大屠殺，史稱「揚州十日」。

❺月
清軍占南京，弘光政權覆滅。

❻月
李自成於通山縣九宮山戰死。

❻月
張煌言等人奉魯王朱以海於紹興監國。

閏❻月
清下薙髮令。

黃道周、鄭芝龍等人奉唐王朱聿鍵於福州監國，旋即帝位，建元隆武。

1646（丙戌）　世祖順治三年

＊
馮夢龍（1574-1646）卒。

❸月
清始舉行會試、殿試。

❾月
鄭芝龍叛明降清。

⓫月
桂王朱由榔稱帝，改年號為永曆。唐王朱聿　於廣州即位，改元紹武。

⓬月
張獻忠（1606-1646）敗死於四川西充。

1647（丁亥）　世祖順治四年

❸月
《大清律》修成。

❽月
清禁澳門佛朗西人至省城貿易。

⓬月
鄭成功起兵抗清。
清定官民服飾制。

◆ 馮夢龍：文學家，著有《喻世明言》、《警世通言》、《醒世恆言》。

我可是鼎鼎大名的延平郡王鄭成功。

1652 （壬辰）	1651 （辛卯）	1650 （庚寅）	1649 （己丑）	1648 （戊子）	紀年 （干支）
世祖順治 九年	世祖順治八年	世祖順治七年	世祖順治六年	世祖 順治 五年	清	帝王稱號

後金

明

					該年 重要記事

該年重要記事：

❼ 月
欽天監正湯若望進渾天、地平儀器。

❿ 月
永曆帝封孫可望爲秦王。

❷ 月
永曆帝自南寧出走。

① 月
世祖福臨親政。

⓬ 月
攝政王多爾袞（1612-1650）歿。

⓫ 月
孔有德陷桂林，明督師瞿式耜（1590-1650）不屈被殺。

❽ 月
鄭成功據金門、廈門。
永曆帝走南寧。

❼ 月
明永曆帝封鄭成功爲延平公。

❺ 月
清封孔有德定南王、尚可喜靖南王、耿仲明平南王。
命孔有德駐廣西，尚可喜、耿仲明駐廣東。

❾ 月
清修《明史》。

❽ 月
清准許滿漢通婚。

鄭成功收復漳浦，使人與日本通好。

看我讓渾天儀飄在半空中。

參照

1660 （庚子）	1659 （己亥）	1658 （戊戌）	1657 （丁酉）	1656 （丙申）	1655 （乙未）	1654 （甲午）	1653 （癸巳）
世祖順治 十七年	世祖順治 十六年	世祖順治 十五年	世祖順治 十四年	世祖順治 十三年	世祖順治 十二年	世祖順治 十一年	世祖順治 十年

1660（庚子）世祖順治十七年

❶月 嚴禁士子結社訂盟。

1659（己亥）世祖順治十六年

❷月 明、清大戰於西磨盤山，明兵敗，永曆帝逃往緬甸。

比利時籍傳教士南懷仁來華。

1658（戊戌）世祖順治十五年

❼月 清改定滿、漢官品，改內三院大學士為殿閣大學士。

❶月 明封鄭成功為延平郡王。

1657（丁酉）世祖順治十四年

❿月 孫可望降清，清封為義王。

1656（丙申）世祖順治十三年

❶❶月 清禁白蓮教、聞香教等。

❶月 孫可望攻李定國，李定國兵敗，自南寧迎永曆皇帝往雲南。

1655（乙未）世祖順治十二年

❶❶月 清立鐵牌於十三衙門，嚴禁宦官干預政事。

❻月 沙俄遣使察罕汗抵京，為沙俄使清之始。

1654（甲午）世祖順治十一年

❷月 清封鄭成功為海澄公，其父鄭芝龍以書諭之招降，鄭成功不接受。

＊ 侯方域（1618-1654）卒。

◆ 侯方域：明末清初散文家，明末四公子之一，著《壯悔堂文集》。

1653（癸巳）世祖順治十年

❻月 清定以「一條鞭法」徵賦。

別哭，我們會幫助皇上您的。

鰲拜輔政

紀年 （干支）	1661 （辛丑）	1662 （壬寅）	1663 （癸卯）	1664 （甲辰）
帝王稱號	世祖順治 十八年	聖祖康熙元年	聖祖康熙 二年	聖祖康熙 三年

清
後金
明

該年 重要記事	1661	1662	1663	1664

1661（辛丑）

❶ 月　世祖崩，子玄燁即位，為聖祖仁皇帝。索尼、鰲拜、蘇克薩哈、遏必隆為輔政大臣。

❸ 月　鄭成功從廈門征台灣，驅逐荷蘭殖民者。

蘇州士子不滿吳縣令任維新徵糧虐民，聚哭文廟，遞揭帖給巡撫朱國治，結果倪用賓等入獄，株連金聖嘆（1608-1661）等人被殺，是為「抗糧哭廟案」。

⓬ 月　清兵入緬甸，永曆帝被拘送吳三桂。

1662（壬寅）

❹ 月　吳三桂殺害永曆帝及其太子。

❺ 月　鄭成功（1623-1662）卒。

⓫ 月　明魯王朱以海死於台灣。

＊　清軍攻滅活動於川、楚邊界（1662-1664），以李來亨等為主的「夔東十三家軍」，標誌著大陸武裝抗清基本被撲滅。

＊　《明史》案起。

1663（癸卯）

❺ 月　文字獄《明史》案結案，株連受死者達七十多人。

❽ 月　改鄉試、會試八股文為策論表判。

1664（甲辰）

＊　錢謙益（1582-1664）卒。

❼ 月　以施琅為靖海將軍，進攻台灣。

參照				

◆　金聖嘆：評點《西廂記》、《水滸傳》等書。

◆　《明史》案：歸安知縣吳之榮，告發莊廷鑨私修《明史》一事。

◆　錢謙益：明末文壇領袖，著有著有《初學集》、《有學集》等。

1671 （辛亥）	1670 （庚戌）	1669 （己酉）	1668 （戊申）	1667 （丁未）	1666 （丙午）	1665 （乙巳）
聖祖康熙 十年	聖祖康熙九年	聖祖康熙八年	聖祖康熙 七年	聖祖康熙六年	聖祖康熙 五年	聖祖康熙 四年

1671（辛亥） ❻月　耿繼茂卒，子耿精忠襲爵。

1670（庚戌）
❽月　改內三院為內閣及翰林院，設中和、保和、文華三殿閣大學士。
❻月　西洋國王阿豐肅遣使奉獻。

1669（己酉）
❺月　逮捕鰲拜，革職拘禁。
❸月　南懷仁推曆準確，被任命為欽天監副。
＊「同仁堂」藥店在北京開業。為中國四大藥店之一。

1668（戊申）
＊方苞（1668-1749）生。

1667（丁未）
❼月　康熙親政。
❸月　沈天甫等撰詩獄起。沈天甫等撰詩二卷，謊稱黃尊素等撰、陳濟生所編，用以訛詐。事發後皆被處死。從刑部奏，凡以「通海」、「逆書」、「于七黨」、「逃人」等誣陷人等，查明均反坐。

1666（丙午）
❺月　封黎維禧為安南國王。
＊湯若望（1591-1666）卒。

1665（乙巳）
＊洪承疇（1593-1665）卒。

◆湯若望：德國籍天主教耶穌會傳教士。

◆方苞：清代文學家，創「桐城派」。

把這老傢伙押下去。

紀年（干支）	1672（壬子）	1673（癸丑）	1674（甲寅）	1675（乙卯）	1676（丙辰）
帝王稱號	聖祖康熙十一年　清	聖祖康熙十二年	聖祖康熙十三年	聖祖康熙十四年	聖祖康熙十五年
	後金 明				
該年重要記事	＊「松竹齋」（後改名「榮寶齋」）在北京開業。	❸月 平南王尚可喜請告老，康熙許之，命撤藩歸遼東。 ❼月 平西王吳三桂、靖南王耿精忠先後請撤藩，以探朝廷動向，康熙決意撤藩。 ⓫月 吳三桂舉兵雲南反清，自稱天下都招討兵馬大元帥，以明年為周元年。「三藩之亂」起（1673-1681）。	＊四川巡撫羅森、提督鄭蛟麟、廣西將軍孫延齡、耿精忠、陝西王輔臣叛清，響應吳三桂。	＊英人到廈門通商，並於廈門設立商館。	❷月 清命圖海節制陝西軍馬擊王輔臣。尚之信劫持其父尚可喜，附吳三桂叛清。 ❻月 王輔臣降清。 ⓫月 耿精忠降清。
參照					

1682 （壬戌）	1681 （辛酉）	1680 （庚申）	1679 （己未）	1678 （戊午）	1677 （丁巳）
聖祖康熙 二十一年	聖祖康熙 二十年	聖祖康熙十九年	聖祖康熙 十八年	聖祖康熙十七年	聖祖康熙 十六年

❹月 冊封尚貞爲琉球國中山王。 ❶月 耿精忠等被凌遲處死。 ＊ 顧炎武（1613-1682）卒。	❿月 清兵攻雲南，吳世璠自殺，三藩之亂平。 ❶月 鄭經（1643-1681）卒。子鄭克塽繼爲延平郡王。	❽月 賜尚之信死。 ❷月 劉國軒與鄭經走台灣。鄭氏數年來在福建沿海之地皆入於清。 ＊ 顧祖禹（1624-1980）卒。 ＊ 王時敏（1592-1980）卒。	❸月 開明史館，纂修《明史》。	❿月 吳三桂孫吳世璠至衡陽即帝位，退至貴陽。 ❽月 吳三桂（1612-1678）卒。 ❸月 西洋國王阿豐肅遣使進獅子。 ❶月 吳三桂於衡陽稱帝，國號周，年號昭武。 ❶月 清詔舉博學鴻儒科。	❶❶月 尚之信降清。 ❺月 始設南書房。

◆顧炎武：明末清初著名思想家。著有《日知錄》、《天下郡國利病書》等。		◆顧祖禹：著《讀史方輿紀要》。 ◆王時敏：擅山水，開創山水畫的「婁東派」。爲「四王」之一，亦爲「清六家」之一。			

紀年（干支）	1688（戊辰）	1687（丁卯）	1686（丙寅）	1685（乙丑）	1684（甲子）	1683（癸亥）
帝王稱號 清	聖祖康熙二十七年	聖祖康熙二十六年	聖祖康熙二十五年	聖祖康熙二十四年	聖祖康熙二十三年	聖祖康熙二十二年

後金

明

該年重要記事						
	＊禁婦女從夫死。 ＊南懷仁（1623-1688）卒。			❺月 清軍進攻雅克薩城，敗沙俄入侵軍，俄軍退至尼布楚。	❾月 聖祖首次南巡，至山東曲阜孔廟祭拜，並題「萬世師表」匾額。 ❹月 於台灣設台灣府，及台灣、鳳山、諸羅三縣。廢除「遷海令」。	❽月 清軍入台灣，鄭克塽降，台灣回歸。自鄭成功入台灣，至此三十八年。 ❻月 施琅率水師取澎湖。 ❶月 冊封黎維禎爲安南國王。

参照

1694（甲戌）	1693（癸酉）	1692（壬申）	1691（辛未）	1690（庚午）	1689（己巳）	1688（戊辰）
聖祖康熙三十三年	聖祖康熙三十二年	聖祖康熙三十一年	聖祖康熙三十年	聖祖康熙二十九年	聖祖康熙二十八年	聖祖康熙二十七年

1688（戊辰）聖祖康熙二十七年

* 著名戲曲作家洪昇（1645-1704）寫成名劇《長生殿》。
* 宮廷畫家、義大利傳教士郎世寧（1688-1766）生。

1689（己巳）聖祖康熙二十八年

❶月 聖祖第二次南巡。

❾月 中俄簽訂《尼布楚條約》，畫定兩國邊界。

1690（庚午）聖祖康熙二十九年

❹月 平定噶爾丹叛亂（1690-1697），加強對蒙古的控制。

* 噶爾丹進犯，聖祖親征，大敗其於烏蘭布通。
* 《大清會典》（《康熙會典》）成。

1691（辛未）聖祖康熙三十年

* 聖祖親巡邊外，於多倫大會喀爾喀蒙古各部。外蒙三十旗屬清，始有內、外蒙古之稱。

1692（壬申）聖祖康熙三十一年

* 顧祖禹（1631-1692）卒，著《讀史方輿紀要》。
* 王夫之（1619-1692）卒。

◆ 王夫之：與顧炎武、黃宗羲並稱明清之際三大思想家，著作為後人刻成《船山遺書》。

長生殿

紀年（干支）		1695（乙亥）	1696（丙子）	1697（丁丑）	1698（戊寅）	1699（己卯）	1700（庚辰）
帝王稱號	清	聖祖康熙三十四年	聖祖康熙三十五年	聖祖康熙三十六年	聖祖康熙三十七年	聖祖康熙三十八年	聖祖康熙三十九年
	後金						
	明						
該年重要記事		＊黃宗羲（1610-1695）卒。	❷月聖祖親征噶爾丹。❺月噶爾丹在昭莫多地方，為費揚古軍所破。	❷月聖祖再次親征噶爾丹。❸月噶爾丹兵敗自殺。閏＊重申嚴禁溺女陋習。		＊孔尚任寫成名劇《桃花扇》。❷月聖祖第三次南巡。	
參照		◆黃宗羲：明末清初思想家。著《明儒學案》、《明夷待訪錄》等。					

桃花扇

1708 （戊子）	1707 （丁亥）	1706 （丙戌）	1705 （乙酉）	1704 （甲申）	1703 （癸未）	1702 （壬午）	1701 （辛巳）
聖祖康熙 四十七年	聖祖康熙 四十六年	聖祖康熙 四十五年	聖祖康熙 四十四年	聖祖康熙 四十三年	聖祖康熙 四十二年	聖祖康熙 四十一年	聖祖康熙 四十年

1708（戊子）

❾月　以「糾集黨羽，窺視朕躬起居動作」，廢太子允礽。

1707（丁亥）

❶月　聖祖第六次南巡。

1706（丙戌）

❾月　雲南李天極等謀復明反清，事洩俱被殺。

1705（乙酉）

⓫月　俄羅斯來與中國貿易。

❶月　聖祖第五次南巡。

1704（甲申）

❻月　頒布標準鐵斛分發各省，統一全國量器。

＊　洪昇（1659-1704）卒。

1703（癸未）

❶月　聖祖第四次南巡。

＊　始建「避暑山莊」。

1702（壬午）

＊　萬斯同（1638-1702）卒。

1701（辛巳）

❸月　＊　吳敬梓（1701-1754）與《儒林外史》。

　　　遣官赴喀爾喀蒙古，教授耕作技術。

◆萬斯同：史學家，著《明史稿》等。

紀年 （干支）	1709 （己丑）	1710 （庚寅）	1711 （辛卯）	1712 （壬辰）	1713 （癸巳）	1714 （甲午）
帝王稱號	聖祖康熙 四十八年	聖祖康熙 四十九年	聖祖康熙 五十年	聖祖康熙 五十一年	聖祖康熙 五十二年	聖祖康熙 五十三年
該年 重要記事	❸月 ＊始建圓明園（1709-1774）。 復立允礽爲皇太子。	❸月 冊封六世達賴喇嘛。	＊戴名世《南山集》案文字獄起。 ＊王世禛（1634-1711）卒。	＊定「滋生人丁，永不加賦」之制。	❷月 戴名世《南山集》案結案，戴名世（1653-1713）被殺。	❹月 查禁「淫詞小說」，毀書銷版。
參照						

帝王稱號欄：清　後金　明

1721 （辛丑） 聖祖康熙 六十年	1720 （庚子） 聖祖康熙 五十九年	1719 （己亥） 聖祖康熙 五十八年	1718 （戊戌） 聖祖康熙 五十七年	1717 （丁酉） 聖祖康熙 五十六年	1716 （丙申） 聖祖康熙 五十五年	1715 （乙未） 聖祖康熙 五十四年
＊ 台灣朱一貴起事，6月即兵敗被俘。	❷月 羅馬教皇格勒門十一世遣使來華，交涉禁止中國教徒祀孔祭祖問題，康熙帝力加駁斥。 ＊ 封達賴喇嘛呼必勒罕爲第六世達賴喇嘛。	❷月 《皇輿全覽圖》成。爲中國第一部經緯度測繪的地圖。	＊ 孔尙任（1648-1718）卒。 ＊ 平定淮部，統一青海、西藏（1718-1720）。	⓫月 準噶爾部策妄阿喇布坦入兵拉薩，殺拉藏汗。 ❹月 再嚴禁天主教，並嚴查白蓮教。 ❶月 定商船出洋貿易法，除日本外，呂宋等處皆不許前往。	閏 ❸月 張玉書等奉敕編成《康熙字典》。 ＊ 始令廣東丁銀攤入地畝。	＊ 英國東印度公司於廣東設商館。 ＊ 蒲松齡（1640-1715）卒。 ＊ 義大利籍耶穌會傳教士郎世寧來清，入值內廷如意館。

◆
蒲松齡：著志怪小說《聊齋誌異》。

嗯，我應該可以寫狐狸的故事。

蒲松齡

紀年（干支）	1727（丁未）	1726（丙午）	1725（乙巳）	1724（甲辰）	1723（癸卯）	1722（壬寅）
帝王稱號 清	世宗雍正五年	世宗雍正四年	世宗雍正三年	世宗雍正二年	世宗雍正元年	聖祖康熙六十一年
後金						
明						

該年重要記事

1727（丁未）

⓫ 月
中俄簽訂《恰克圖條約》。

1726（丙午）

❾ 月
雲貴總督鄂爾泰，建議西南全面推行「歸土改流」。

＊ 查嗣庭文字獄起。

1725（乙巳）

⓬ 月
賜年羹堯自盡。

1724（甲辰）

＊ 曹雪芹（1724-1764）與《紅樓夢》。

＊ 全面推行1716開始的丁銀攤入地畝。

1723（癸卯）

⓬ 月
令除在京者除外之各省將西洋天主教士送澳門。改天主堂為公所，嚴禁入教。

❾ 月
青海羅卜藏丹津反，以年羹堯為撫遠大將軍出兵征討。

＊ 確定祕密建儲之制，置於乾清宮「正大光明」匾額後。

1722（壬寅）

⓫ 月
聖祖崩。皇四子雍親王胤禛嗣位，是為世宗憲皇帝，明年改元為雍正。

參照

我雍正贏了，住進故宮。

1735 （乙卯）	1734 （甲寅）	1733 （癸丑）	1732 （壬子）	1731 （辛亥）	1730 （庚戌）	1729 （己酉）	1728 （戊申）
世宗雍正 十三年	世宗雍正 十二年	世宗雍正 十一年	世宗雍正 十年	世宗雍 正九年	世宗雍 正八年	世宗雍正七年	世宗雍正 六年

❽
月

雍正帝（1678-1735）卒。四子弘曆繼位，是爲高宗純皇帝，明年改元爲乾隆。

❹
月

命刊刻書籍遇有胡、虜、夷、狄等字，改易形聲或留空白。

❶
月

命各省設立書院。

❿
月

呂留良案結案。雍正繼位以後，屢次大興文字獄，尤以此案歷時最久，影響最大。

❾
月

頒行《大義覺迷錄》。

❼
月

陸生楠案起。

❺
月

呂留良案起。

＊

始頒布禁食鴉片之禁令。

⓫
月

命各省重修通志。

1741 （辛酉）	1740 （庚申）	1739 （己未）	1738 （戊午）	1737 （丁巳）	1736 （丙辰）	1735 （乙卯）	紀年 （干支）
高宗乾隆 六年	高宗乾隆 五年	高宗乾隆 四年	高宗乾隆 三年	高宗乾隆 二年	高宗乾隆 元年	世宗雍正 十三年	清 後金 明	帝王稱號
	⓫ 月 頒行續修之《大清律例》。其編訂與頒行，標示著清朝法律已趨於完備。		⓬ 月 刊成《大藏經》，史稱「龍藏」。		❾ 月 試博學鴻詞科。	❿ 月 收回前頒之《大義覺迷錄》。	該年 重要記事
							參照

1748 （戊辰）	1747 （丁卯）	1746 （丙寅）	1745 （乙丑）	1744 （甲子）	1743 （癸亥）	1742 （壬戌）
高宗乾隆 十三年	高宗乾隆十二年	高宗乾隆 十一年	高宗乾隆 十年	高宗乾隆 九年	高宗乾隆 八年	高宗乾隆 七年

1748（戊辰）高宗乾隆十三年

＊張廣泗供大金川無進展，命納親爲經略大臣。納親經略大金川無功，再命傅恒取代之。

1747（丁卯）高宗乾隆十二年

❻月　命校刊《通典》、《通志》、《文獻通考》，並命編《續文獻通考》。

❸月　大金川土司莎羅奔攻打臨近土司，清廷命張廣泗出兵，於是大金川事起。

＊由梁詩正等編成《三希堂法帖》。

1746（丙寅）高宗乾隆十一年

❼月　勒命在福建傳教之洋人回國，究辦習教魁首。

1745（乙丑）高宗乾隆十年

＊鄂爾泰（1677-1745）卒。

1743（癸亥）高宗乾隆八年

❹月　吳謙等奉敕修《醫宗金鑑》成。

◆《醫宗金鑑》：大型醫學叢書，對後世的醫家影響頗深。

1754 （甲戌）	1753 （癸酉）	1752 （壬申）	1751 （辛未）	1750 （庚午）	1749 （己巳）	紀年 （干支）
高宗乾隆 十九年	高宗乾隆 十八年	高宗乾隆 十七年	高宗乾隆 十六年	高宗乾隆 十五年	高宗乾隆 十四年	清
						後金
						明
* 岳鍾琪 （1686-1754） 卒。 * 吳敬梓 （1701-1754） 卒。	* 禁翻譯滿字小說。 * 申禁朝官與諸王交通往來。	* 發布上諭，訓誡八旗子弟「學習騎射，嫻熟國語」。	❶ 月 高宗第一次南巡。		* 方苞卒。	該年 重要記事
						參照

1760 （庚辰）	1759 （己卯）	1758 （戊寅）	1757 （丁丑）	1756 （丙子）	1755 （乙亥）
高宗乾隆 二十五年	高宗乾隆 二十四年	高宗乾隆 二十三年	高宗乾隆 二十二年	高宗乾隆 二十一年	高宗乾隆 二十年

1760（庚辰） 高宗乾隆二十五年

❶月
於烏魯木齊設莊屯田。

❸月
於伊犁屯田。

1759（己卯） 高宗乾隆二十四年

＊
清軍掃除大小和卓木，二人被殺，天山南北路底定，平回之役結束。天山南北路皆入清版圖。

1758（戊寅） 高宗乾隆二十三年

❶月
天山南路回部大小和卓木叛變，命兆惠經略回疆。

＊
設內務府總理工程處，負責勘估核銷宮殿、苑囿、熱河行宮等重大工程。

1757（丁丑） 高宗乾隆二十二年

❶月
高宗第二次南巡。

❿❷月
准許呂宋船於廈門貿易。

＊
拒絕英人赴浙貿易，規定與西洋貿易僅限廣州一處通商。

1755（乙亥） 高宗乾隆二十年

❸月
胡中藻詩獄起。

❺月
高宗諭八旗，力戒效法漢人習氣，並不准與漢人唱和往來。

＊
英國東印度公司派洪任輝至浙江，要求在寧波通商，清廷不許。

1765 （乙酉）	1764 （甲申）	1763 （癸未）	1762 （壬午）	1761 （辛巳）		紀年 （干支）
高宗乾隆 三十年	高宗乾隆 二十九年	高宗乾隆 二十八年	高宗乾隆 二十七年	高宗乾隆 二十六年	清	帝王稱號
					後金	
					明	

					該年 重要記事
❶ 月 高宗第四次南巡。 准八旗大臣子弟一體參加科舉考試，毋庸奏明請旨。 甘肅大地震。滇緬間諸土司屢與緬人衝突，緬甸之役開始。	⓫ 月 以俄羅斯互市時違約課稅，停恰克圖貿易。 ❸ 月 取消蠶絲出口的禁令。 重修《大清一統志》。	＊ 金農（1687-1763）卒。	❶ 月 高宗第三次南巡。 ❿ 月 設伊犁將軍，統轄天山南北路。首任將軍爲明瑞。	❶ 月 《國朝宮史》編纂完成。 紫光閣落成，賜宴被畫像之功臣及文武大臣、蒙古王公等。	

					參照
都說了你們不准出口了。		◆ 金農：揚州八怪之一。揚州八怪分別爲汪士慎、黃慎、金農、高翔、李鱓、鄭燮、李方膺、羅聘。			

1773（癸己）	1772（壬辰）	1771（辛卯）	1770（庚寅）	1769（己丑）	1768（戊子）	1767（丁亥）	1766（丙戌）
高宗乾隆三十八年	高宗乾隆三十七年	高宗乾隆三十六年	高宗乾隆三十五年	高宗乾隆三十四年	高宗乾隆三十三年	高宗乾隆三十二年	高宗乾隆三十一年

❷月 命劉統勳等自《永樂大典》書中輯佚書。 開纂修《四庫全書》館，以紀昀爲總裁官，徵戴震、邵晉涵等人入館編校。

＊ 命各省督撫、學政購訪遺書，《四庫全書》編纂拉開序幕，寓禁於修，對古籍大加禁毀、刪改（1772-1782）。

❻月 金川之役復起。

＊ 隆屢興文字獄。 以錢謙益著有「詆毀本朝」的地方，下令銷毀。乾

❽月 兩淮鹽政提引征銀案起。

＊ 准俄羅斯於恰克圖通商。

❸月 任伊犁將軍明瑞爲雲貴總督。

❷月 開館修《續通典》、《續通誌》。

❿月 《續文獻通考》成書。

❿月 《大清會典》成書，增加《事例》。

文字獄

紀年（干支）	1774（甲午）	1775（乙未）	1776（丙申）	1777（丁酉）
帝王稱號	高宗乾隆三十九年　清	高宗乾隆四十年	高宗乾隆四十一年	高宗乾隆四十二年
	後金			
	明			

該年重要記事

1774（甲午）

* 令滋生人口，永不加賦。

* 英印政府派人至日喀則活動，此後英國人頻繁入藏。

8月 山東王倫以反對官府「額外加徵」爲口號，以清水教（白蓮教支派）率眾起義。

1775（乙未）

* 令四庫館臣對所收書籍「務須詳愼抉擇，使群言悉歸雅正。」

* 始於紫禁城內建文淵閣、於圓明園內建文源閣、於避暑山莊建文津閣，以備儲藏《四庫全書》。

1776（丙申）

2月 兩金川之役結束。

* 命和珅以戶部侍郎入軍機處行走。

12月 命於國史中立《貳臣傳》。

1777（丁酉）

* 戴震（1723-1777）卒。

4月 令廣東嚴禁洋船運棉進口。

* 王錫侯字貫獄起：江西新昌舉人王錫侯刪改《康熙字典》，另作《字貫》，其序文凡例不避康熙、雍正、乾隆三帝名諱，爲王瀧南告發。

10月

參照

1784 （甲辰）	1783 （癸卯）	1782 （壬寅）	1781 （辛丑）	1780 （庚子）	1779 （己亥）	1778 （戊戌）
高宗乾隆四十九年	高宗乾隆四十八年	高宗乾隆四十七年	高宗乾隆四十六年	高宗乾隆四十五年	高宗乾隆四十四年	高宗乾隆四十三年

1784（甲辰）高宗乾隆四十九年

❶月
＊
高宗第六次南巡。
第一艘美國商船抵達廣州。

1782（壬寅）高宗乾隆四十七年

❶月
第一部《四庫全書》完成。

❷月
《四庫全書總目提要》完成，進呈御覽。

1781（辛丑）高宗乾隆四十六年

＊
甘肅舞弊貪汙事發。查辦甘肅捏災冒賑等貪汙案，原總督勒爾謹賜死，前任布政使王亶望處斬，現任布政使王廷贊處絞。

1780（庚子）高宗乾隆四十五年

❼月
班禪額爾德尼入觀，於萬樹園賜宴。

❶月
高宗第五次南巡，至海寧。

1779（己亥）高宗乾隆四十四年

＊
命和珅在御前大臣上學習行走。

1778（戊戌）高宗乾隆四十三年

❿月
徐述夔《一柱樓詩集》案發。

紀年（干支）	1790（庚戌）	1789（己酉）	1788（戊申）	1787（丁未）	1786（丙午）	1785（乙巳）
帝王稱號	高宗乾隆五十五年	高宗乾隆五十四年	高宗乾隆五十三年	高宗乾隆五十二年	高宗乾隆五十一年	高宗乾隆五十年（清／後金／明）
該年重要記事	＊徽班進京。其後徽調融弋、昆、秦、漢諸調之長，形成京劇。	⑩月 清廷鑒於阮氏一再遣使求和，改封阮光平（阮文惠改名）爲安南國王。	⑫月 封黎維祁爲安南國王。　⑩月 安南阮氏打敗黎氏，國王黎維祁出走。清廷派兩廣總督孫士毅統兵征討。	＊福康安平林爽文，林爽文被俘。　＊《清朝通典》、《清朝通志》、《清朝文獻通考》纂成。	⑫月 封鄭華爲暹羅國王。　⑪月 台灣天地會會首林爽文率眾起義。　閏⑦月 任和珅爲文華殿大學士兼吏部尚書。	＊命廣東洋商以後不准呈貢物。　①月 舉行千叟宴。　⑦月至⑧月 令山東、河南、直隸推廣種植甘薯。並令傳鈔陸耀所著《甘薯錄》。
參照	粉墨登場					

1794 （甲寅）	1793 （癸丑）	1792 （壬子）	1791 （辛亥）	1790 （庚戌）
高宗乾隆 五十九年	高宗乾隆五十八年	高宗乾隆 五十七年	高宗乾隆 五十六年	高宗乾隆五十五年

1790（庚戌）　高宗乾隆五十五年

＊內閣學士尹壯圖奏陳吏治腐敗，遭乾隆帝斥責，高宗自認55年來，勤政愛民。尹被迫往外省山西調查，受到多方掣肘，反被治以挾詐妄議罪。

❶月　以高宗八十歲，普免全國錢糧。

❻月　封孟耘為緬甸國王。

1791（辛亥）　高宗乾隆五十六年

＊改訂西藏管理章程，定西藏事務由駐藏辦事大臣與達賴喇嘛會商辦理之制，噶布倫（總辦藏務之西藏官員）不得專擅。

1792（壬子）　高宗乾隆五十七年

＊龔自珍（1792-1841）出生。

❿月　高宗作《十全武功記》。

◆龔自珍：號「定盦」。詩文自成一家，著作由後人編為《龔自珍全集》。

1793（癸丑）　高宗乾隆五十八年

❶月　頒行《欽定西藏善後章程》。

＊英使馬戛爾尼來華，提出開放通商口岸的要求，遭到拒絕，無功而返。

◆定達賴、班禪及大呼圖克圖呼畢勒罕選擇用金奔巴瓶抽籤法，於北京雍和宮別頒金奔巴瓶，備蒙古各地大呼圖克圖推擇之用。等於清朝把認定活佛轉世的權力從西藏地方轉移到清朝中央。

1794（甲寅）　高宗乾隆五十九年

❿月　荷蘭派遣使臣來華。

紀年 （干支）	1795 （乙卯）	1796 （丙辰）	1797 （丁巳）	1798 （戊午）	1799 （己未）
帝王稱號	高宗乾隆 六十年　清	仁宗嘉慶元年	仁宗嘉慶二年	仁宗嘉慶 三年	仁宗嘉慶四年
	後金 明				
該年 重要記事	❶月 貴州苗民石柳鄧與石三保、吳八月等起義。 ❹月 《平定廓爾喀紀略》成。 ❾月 立皇十五子嘉親王永琰爲皇太子，宣布明年爲嗣皇帝元年。	❶月 舉行授受大典，顒琰登基，爲嘉慶帝。於寧壽宮舉行千叟宴。高宗爲太上皇 ＊ 邵晉涵（1743-1796）卒	❶月 白蓮教徒起事於湖北。 ⓫月 苗民石柳鄧等敗死。 ＊ 袁枚（1716-1797）卒。		❶月 高宗（1711-1799）卒。仁宗親政。大學士和珅及尚書福長安皆獲罪下獄。和珅賜死於獄中，抄沒家產，時有「和珅跌倒，嘉慶吃飽」之說。福長安論斬。
參照		◆ 邵晉涵：長於經史之學，著《爾雅正義》等。	◆ 袁枚：文學家、詩人，論詩主「性靈」。著《隨園詩話》、《小倉山房詩文集》。		

嘉慶吃飽
和珅跌倒

1804 （甲子）	1803 （癸亥）	1802 （壬戌）	1801 （辛酉）	1800 （庚辛）	1799 （己未）
仁宗嘉慶九年	仁宗嘉慶八年	仁宗嘉慶七年	仁宗嘉慶六年	仁宗嘉慶五年	仁宗嘉慶四年

1804（甲子）

❾月
蔡牽攻台灣鹿耳門，於溫州洋面大敗官兵。

❻月
錢大昕（1728-1804）卒。

*
歷時九年的白蓮教終告平定，清廷共耗軍費二億兩白銀。

1803（癸亥）

❿月
定青海、蒙古和番人地界及交易規程。

❻月
封阮福映為越南國王。

*
嘉慶帝由圓明園還宮，入貞順門時，內務府廚役陳德行刺，不成被俘。陳德及其二子伏誅。

1802（壬戌）

❸月
英吉利船泊零丁洋欲登陸，勒令停止。

*
白蓮教起事絕大部分平定，白蓮教軍基本潰滅。

1801（辛酉）

❾月
續修《大清會典》。

*
章學誠（1738-1801）卒。

1799（己未）

❽月
冊封尚溫為琉球國王。

❻月
翰林院編修洪亮吉上《平邪教疏》，極言吏治腐敗，得罪皇帝，被戍伊犁。

◆錢大昕：清代三大史學家之一。史學暨考據學家，著《廿二史考異》等書。清代三大史學家為王鳴盛、趙翼、錢大昕。

◆章學誠：清代史學家、思想家，著有《文史通義》等書。

紀年（干支）	1805（乙丑）	1806（丙寅）	1807（丁卯）	1808（戊辰）	1809（己巳）
帝王稱號	仁宗嘉慶十年	仁宗嘉慶十一年	仁宗嘉慶十二年	仁宗嘉慶十三年	仁宗嘉慶十四年

清

後金

明

該年重要記事

1805（乙丑）

＊紀昀（1724-1805）卒。

❹月賜英吉利王書。

❿月查禁西洋人刻書傳授及設立學校。

❷月蔡牽自稱鎮海王，攻入台灣鳳山。嘉義民洪四老起事應之。

1806（丙寅）

＊直隸查出假雕印信、串通銀號、虛收冒支大案，共侵盜銀三十一萬餘兩。

❾月李長庚與蔡牽於福建、浙江海面激戰。

1807（丁卯）

＊馬里遜到廣州，為第一個來華的基督教新教傳教士。

❸月《高宗實錄》成。

❼月冊封琉球中山王尚灝。

❿月禁漢人私入番地及蒙古人改服番裝。

1808（戊辰）

＊英國兵船進泊香山洋面，派兵占據澳門炮台，以防禦法國、保護貿易為藉口。因清政府強烈反對，被迫撤出。

＊編纂《全唐文》（1808-1814）。

1809（己巳）

❺月訂廣東外洋商人貿易章程。

❾月蔡牽被福建水師提督王得祿圍於定海漁山外洋，裂船自溺。

參照

◆紀昀：人稱紀曉嵐。任《四庫全書》館的總纂官。修《四庫全書總目提要》，並著有《閱微草堂筆記》等。

19 世紀英國軍鑑

1815 （乙亥）	1814 （甲戌）	1813 （癸酉）	1812 （壬申）	1811 （辛未）	1810 （庚午）
仁宗嘉慶 二十年	仁宗嘉慶十九年	仁宗嘉慶十八年	仁宗嘉慶 十七年	仁宗嘉慶 十六年	仁宗嘉慶 十五年

1810（庚午）

＊ 始設廣東水師提督於虎門。

❷月 命閩粵督撫查禁鴉片，禁鴉片入北京。

❹月 設熱河都統管理移民。

1811（辛未）

❼月 命各省查禁西洋人，並禁民人習天主教。

1813（癸酉）

＊ 錢大昭（1744-1813）卒。

❻月 禁宗室覺羅子弟與漢人通婚。

❼月 申嚴禁私販運鴉片，定官民吸食者罪。

❾月 天理教在河南滑縣起事，在內應太監接引下進攻皇宮，失敗後總教首林清被捕處死。

❿❷月 滑縣被清軍攻破。首領或死或被俘。天理教起事失敗。

1814（甲戌）

＊ 《全唐文》成。

❶月 以西洋商人賄通洋行商人，每年偷運銀兩一百餘萬兩出洋，致使清廷白銀短絀，命嚴禁銀兩偷運出洋。

閏❷月 趙翼（1727-1814）卒。

1815（乙亥）

＊ 定《查封鴉片章程》。

❸月 段玉裁（1735-1815）卒。

◆ 錢大昭：文、史皆優。著有《爾雅釋文補》《廣雅疏義》《兩漢書辨疑》等書。

◆ 趙翼：清朝史學家、文學家。清代三大史學家之一。代表作《廿二史札記》、《陔餘叢考》。

◆ 段玉裁：經學家、語言文字學家。著作代表《說文解字注》。

紀年 （干支）	1815 （乙亥）	1816 （丙子）	1817 （丁丑）	1818 （戊寅）	1819 （己卯）	1820 （庚辰）
帝王稱號	仁宗嘉慶 二十年	仁宗嘉慶 二十一年	仁宗嘉慶 二十二年	仁宗嘉慶 二十三年	仁宗嘉慶 二十四年	仁宗嘉慶 二十五年

清
後金
明

| 該年
重要記事 | ❿
月
西洋人蘭月旺違禁潛入內地傳教，於湖南耒陽被捕，被絞死。 | ❷
月
命加強保甲制度，十家爲牌，有形跡可疑之人，即行首報。

❼
月
英國使臣阿麥特到京，因禮儀之爭未觀見嘉慶帝而去。 | ❼
月
廣東補天地會眾兩千餘人。 | ❸
月
雲南臨安邊外土人高老五等起事，旋敗。 | ＊
以仁宗六十壽辰，免各省逋賦。

＊
黃河在豫東氾濫成災。 | ❼
月
嘉慶帝（1760-1820）逝於避暑山莊。爲大行皇帝上謚號「仁宗」，廟號睿皇帝。爲避諱，改皇帝御名綿寧爲旻寧，是爲宣宗成皇帝，以明年爲道光元年。

❽
月 |
| 參照 | | | | | | |

1825 （乙酉）	1824 （甲申）	1823 （癸未）	1822 （壬午）	1821 （辛巳）	1820 （庚辰）
宣宗道光五年	宣宗道光四年	宣宗道光三年	宣宗道光二年	宣宗道光元年	仁宗嘉慶二十五年

1825（乙酉）宣宗道光五年

❶月
封鄭福爲暹羅國王。

❻月
糧船水手設潘安、老安、新安三教，祭祀「羅祖」神，各教教主稱「老官」。清廷以其「斂錢滋事」爲由，命嚴禁之。

1823（癸未）宣宗道光三年

❽月
定《失察鴉片煙條例》，內容包括禁種罌粟、禁開煙館等項。

❸月
定商民與青海、蒙古人及番人貿易章程。

❶月
林則徐任江蘇按察使。

1822（壬午）宣宗道光二年

❶月
命海口各關嚴辦夾帶鴉片。

*
命廣東稽查出口洋船，禁止偷漏銀兩，並查緝鴉片。

1821（辛巳）宣宗道光元年

⓫月
英國要求在新疆貿易買馬，不許。

*
鴉片走私猖獗，年進口近萬箱。

1820（庚辰）仁宗嘉慶二十五年

❾月
大和卓木之孫張格爾率數百人攻掠邊卡，挑起叛亂。

吸鴉片　東亞病夫

1830（庚寅）	1829（己丑）	1828（戊子）	1827（丁亥）	1826（丙戌）	紀年（干支）
宣宗道光十年	宣宗道光九年	宣宗道光八年	宣宗道光七年	宣宗道光六年　清／後金／明	帝王稱號
❻月 定《查禁內地行銷鴉片章程》。 ＊ 因兩淮鹽務日壞，私販者眾，裁兩淮鹽政，改歸總督管理。 ＊ 李汝珍（1763-1830）卒。	❺月 御史姜梅奏陳，書吏役滿後潛留京城，往往串通舞弊，撞騙訛詐等事，重申役滿後飭令回籍之令。 ❶月 命廣東查禁洋商私運鴉片、套取銀兩。 ＊《皇清經解》成書。	❶❶月 禁用外國錢幣。 ❹月 因張格爾叛亂，命南疆貿易由官府經理，不准私運大黃、茶葉等。	❶❷月 清軍擒獲張格爾，解京處死。	❾月 以喀什噶爾等地回民起事響應張格爾，命楊遇春為欽差大臣、長齡總統軍事。 ＊ 賀長齡、魏源輯成《皇朝經世文編》。 ＊ 由江蘇巡撫陶澍、布政使賀長齡主持的海運漕糧初見成效。	該年重要記事
◆ 李汝珍：清代文人，代表作為小說《鏡花緣》。	◆《皇清經解》：該書為匯編清代學者經學著作之大型叢書，由阮元倡議並主持編刊。				參照

1836 （丙申）	1835 （乙未）	1834 （甲午）	1833 （癸巳）	1832 （壬辰）	1831 （辛卯）
宣宗道光 十六年	宣宗道光 十五年	宣宗道光 十四年	宣宗道光 十三年	宣宗道光十二年	宣宗道光 十一年

1831（辛卯）宣宗道光十一年

* 江蘇巡撫、署兩江總督陶澍赴兩淮查辦鹽政，實行「票鹽法」。

1832（壬辰）宣宗道光十二年

* 王念孫（1763-1830）卒。
* 英國商船至福建、浙江、江蘇海面，再至山東海面，希望在廣州以外另開口岸。
* 湖南、廣東瑤亂。
❶ 月　定白陽、白蓮、八卦、紅陽等教首從犯遇赦不宥例。
❷ 月　廣東訂查禁鴉片章程。

◆ 王念孫：經學家、小學家，創高郵一派。《廣雅疏證》、《讀書雜志》為其代表作。

1833（癸巳）宣宗道光十三年

❺ 月　定禁止紋銀出洋條例。
❻ 月　定廣東外洋貿易以銀或洋錢易貨。

1834（甲午）宣宗道光十四年

* 申禁坊肆售賣淫書小說。
❽ 月　英國第一任駐華商務監督律勞卑違例赴廣州，要求與兩廣總督盧坤會見直接磋商貿易事務，被拒絕後，率軍艦炮擊虎門。

1835（乙未）宣宗道光十五年

❸ 月　廣東定《防範洋人貿易章程》八條。

1836（丙申）宣宗道光十六年

❷ 月　湖南武岡瑤族生員藍正樽設龍華會，聚眾起事，旋敗。
⓬ 月　義律就任英駐廣州商務總監督。

1840 （庚子）	1839 （己亥）	1838 （戊戌）	1837 （丁酉）	紀年 （干支）
宣宗道光 二十年	宣宗道光十九年	宣宗道光十八年	宣宗道光 十七年　清	帝王稱號
			後金 明	

該年重要記事

1837（丁酉）

❻月　因白銀外流，導致銀價昂貴。用御史朱成烈之言，命直隸、山東、江蘇、浙江、福建、廣東各省督府認眞查禁白銀出口。

1838（戊戌）

❹月　鴻臚寺卿黃爵滋疏陳鴉片爲害之烈，奏請重治吸食者。

❾月　太常寺少卿許乃濟主張弛禁鴉片，使鴉片貿易合法化，降官休致。

❶❶月　命林則徐爲欽差大臣，赴廣東查辦海口事件，節制全省水師。

1839（己亥）

閏❹月　命林則徐以禁販鴉片檄諭英國及各國在粵洋商，命林則徐不必解送鴉片，即在虎門銷毀。

❺月　英水手和尖沙咀村村民發生衝突村民林維喜傷重不治，英領事義律拒交凶犯，侵犯中國法律主權，史稱「林維喜事件」。

❾月　英艦在虎門外挑釁，水師提督關天培率部迎擊。

❶❷月　以林則徐爲兩廣總督，停止與英貿易。

1840（庚子）

❺月　＊英國「東方遠征軍」抵達中國海面，鴉片戰爭爆發。

英艦隊在廣東河口海面集結，林則徐嚴密設防，焚其鴉片船。

參照

虎門銷煙

1842 （壬寅）	1841 （辛丑）	1840 （庚子）
宣宗道光 二十二年	宣宗道光二十一年	宣宗道光二十年

1842（壬寅）宣宗道光二十二年

❼月
*魏源編輯的《海國圖志》出版。

中英簽訂《江寧條約》（即《南京條約》）。欽差大臣耆英與英駐華全權公使璞鼎查在英艦上談判，答應英國一方提出的全部條款。答應割讓香港、賠款、五口通商。第一次鴉片戰爭結束。

1841（辛丑）宣宗道光二十一年

❺月
元里人民奮起抗英。

❹月
英政府改任樸鼎查為全權處理對華關係專使。因《廣州和約》的簽訂，激起廣州人民不滿。廣州三

❷月
英軍進犯廣東虎門，引起虎門海戰，水師提督關天培等力戰殉職。因與英人交涉中妥協退讓，將琦善革職逮問，家產入官。

❶月
英軍占香港。相繼攻陷廈門、定海、鎮海、寧波等地。

英軍攻陷虎門沙角、大角炮台，道光帝下詔向英軍宣戰。派奕山為靖逆將軍，赴廣東主持戰事。

*英軍占香港。

1840（庚子）宣宗道光二十年

❼月
英軍北陷定海，犯乍浦。

直隸總督琦善與義律在大沽口會談，琦善向英人妥協。道光帝迫於英軍氣焰，將林則徐、鄧廷楨交軍機處嚴加議處。

❻月
英軍北陷定海，犯乍浦。

❾月
林則徐、鄧廷楨被革職，以琦善署兩廣總督。

❶❷月
琦善擅自於川鼻與英訂約，私許割讓香港，開放廣州，賠償煙價。

◆龔自珍：經學家。

紀年（干支）	1843（癸卯）	1844（甲辰）	1845（乙巳）	1846（丙午）
帝王稱號	宣宗道光二十三年	宣宗道光二十四年	宣宗道光二十五年	宣宗道光二十六年
	清			
	後金			
	明			

該年重要記事

❼月

耆英與璞鼎查在虎門簽訂《中英五口通商章程》，為《五口通商附粘善後條款》的附件。

＊

洪秀全創立拜上帝會。

❿月

中英簽訂《五口通商附粘善後條款》，又稱《虎門條約》，作為《南京條約》的補充條款。

❾月

中法簽訂《黃埔條約》（即《中法五口通商章程》）。

＊

中美簽訂《望廈條約》（即《中美五口通商章程》）。

＊

洪秀全開始傳教。

＊

蘇松太道與英國駐滬領事訂立《上海租地章程》，允英國人租地居留，開啓租界地之先河。外國自此始在華大肆設立租界。

＊

英國在廣州開設第一家工廠柯拜船塢，是外資在華經營的最早船舶修造業。

❹月

新疆七和卓之亂起。

❺月

准許比利時按五口通商章程辦法，一體貿易。

參照

1850 （庚戌）	1849 （己酉）	1848 （戊申）	1847 （丁未）
宣宗道光三十年	宣宗道光二十九年	宣宗道光 二十八年	宣宗道光二十七年

1850（庚戌）宣宗道光三十年

❿月
徐（1785-1850）赴廣西途中病故。

❼月
以林則徐爲欽差大臣，赴廣西鎮壓太平軍起義。林則

❹月
沙俄強占中國黑龍江口廟街，易名爲尼古拉也夫斯克。
允俄羅斯在伊犁、塔爾巴哈台通商。
尊諡道光地爲「成」，廟號宣宗。

❶月
道光帝病重，立皇四子奕詝爲皇太子，封皇六子奕訢爲恭親王。道光皇帝逝。皇太子奕詝即皇帝位，以明年爲咸豐元年。

1849（己酉）宣宗道光二十九年

❿月
遣使封朝鮮國王李昪。

❸月
俄國探險至庫頁島，並勘查黑龍江、松花江一帶。
英香港總督文翰以兵船入虎門，欲以武力進城，升平社學等組織號召民眾抵抗，文翰被迫罷進城議。葡萄牙澳門總管亞馬勒非法宣布澳門爲自由港，停征關稅，下令封閉粵海關衙門。

＊

1848（戊申）宣宗道光二十八年

❽月
青浦教案發生。

❸月
俄羅斯至上海請求通商，不許。

1847（丁未）宣宗道光二十七年

⓬月
廣東黃竹岐發生民人與洋人互毆事件，6名英人、2名民人被殺。英香港總督德庇時要求嚴辦。

❿月
命京師及各省編查保甲。

❷月
著英與瑞典、挪威簽訂五口通商章程。

＊
上海爆發「徐家匯教案」，爲中國近代史第一個教案。

嗚乎哀哉

紀年 （干支）	1851 （辛亥）	1852 （壬子）	1853 （癸丑）
帝王稱號	清　文宗咸豐元年 後金 明	文宗咸豐 二年	文宗咸豐三年
該年 重要記事	*　太平天國起義（1851-1864）。 ❶月　洪秀全於廣西桂平金田村宣布起義。 ❽月　清政府與俄簽訂《伊犁塔爾巴哈台通商章程》。 閏 ❽月　太平天國入永安州城，建號太平天國，洪秀全自稱天王。封楊秀清、馮雲山、蕭朝貴、韋昌輝、石達開爲東、南、西、北、翼王。	❷月　命丁憂在籍侍郎曾國藩幫辦湖南團練。 ⓬月　英商船私運華工四百餘名自廈門赴美舊金山。	*　英商船私運華工四百餘名自廈門赴美舊金山。 *　太平天國頒布《天朝田畝制度》，中心內容是要廢除封建地主土地所有制，是帶有空想色彩的農業社會主義。 *　清廷始鑄銀鈔。 *　清廷始於揚州抽取「厘金」，就地供應鎮壓太平軍的軍費。 ❷月　太平軍攻克江寧，定爲都城，改稱天京。 ❸至 ❹月　太平軍開始西征、北伐。 ❽月　上海小刀會起義。 ❾月　英駐滬領事阿利圖征得美使馬沙利同意，宣布上海海關由英美領事代征關稅。
參照			

1856 （丙辰）	1855 （乙卯）	1854 （甲寅）
文宗咸豐六年	文宗咸豐五年	文宗咸豐四年

1854（甲寅）文宗咸豐四年

＊第一個留美學生容閎畢業於耶魯大學，次年回國。

2月　曾國藩所辦團練湘軍練成，會師於湘潭，發布《討粵匪檄》。

5月　俄以防英、美為名，擅入黑龍江航行。

6月　與英、法、美三國訂立《上海海關徵稅規則》，三國領事各派一人管理，主持稅收。英國人威妥瑪任上海海關稅務司，外國人管理中國海關制度自此始。

1855（乙卯）文宗咸豐五年

5月　貴州台拱廳苗民張秀眉率眾起義。

9月　各路捻軍齊集雉河集（今安徽渦陽），推張樂行為首領，稱「大漢盟主」。

1856（丙辰）文宗咸豐六年

＊英法發動第二次鴉片戰爭。

2月　西林教案發生，法國以此為藉口與英國發動第二次鴉片戰爭。

8至**10**月　太平軍發生內訌，韋昌輝殺楊秀清、石達開自安慶討伐韋昌輝、韋昌輝被殺等等。

9月　英國製造「亞羅船」事件。藉機進攻廣州，挑起第二次鴉片戰爭。

雲南回漢爭礦，清地方官壓抑回民，殘殺回民。激起回民起義，杜文秀率眾攻占大理。

容閎離美返國

紀年（干支）	1857（丁巳）	1858（戊午）	1859（己未）
帝王稱號	清　文宗咸豐七年　後金　明	文宗咸豐八年	文宗咸豐九年
該年重要記事	⓫月　英、法聯軍攻入廣州，俘兩廣總督葉名琛。　＊第一個留英學生黃寬畢業回國，後在廣州行醫，並培養出中國第一代西醫。　＊魏源（1794-1856/1857）卒。	＊中國人主辦的第一份近代中文日報刊《中外新報》在香港創刊。　＊英國皇家亞洲文會北中國支會（The North China Branch of the Royal Asiatic Societic Society）在上海成立，主要從事對中國的自然和社會生態的廣泛調查與研究。首任會長為美國傳教士裨治文。　④月　英法聯軍攻占天津大沽炮台。　⑥月　黑龍江將軍奕山與俄簽訂《璦琿條約》，割讓黑龍江以北等六十多萬平方公里領土。清被迫與英、法、俄、美等分別訂立《天津條約》。	＊袁世凱（1859-1916）生。　⑥月　英軍艦進攻大沽，被僧格林沁擊退。
參照	◆魏源：輯《皇朝經世文編》。根據林則徐所編西方史地資料《四洲志》等增補為《海國圖志》。		

1861 （辛酉）	1860 （庚申）
文宗咸豐十一年	文宗咸豐十年

閏3月
太平軍大破清江南大營。

6月
八國聯軍入侵北京。咸豐帝手詔僧格林沁：「惟天下大本在京師不在海口，若有挫失，總須退保津、通，萬不可寄身於炮台，爲一身之計。握管淒愴，汝其勉遵！」法國駐天津總領事豐大業開槍恫嚇三口通商大臣崇厚，挑起天津教案。

8月
咸豐帝攜后妃皇子逃往熱河，命恭親王奕訢爲欽差大臣，留京與英、法商談。英法聯軍入京，火燒圓明園。

9月
恭親王奕訢奏因英法聯軍退至天津。簽訂中英、中法《北京條約》。割讓英國九龍半島。俄藉口調停，簽訂中俄《北京條約》，掠奪烏蘇里江以東約四十多萬平方公里土地。

12月
設立總理各國事務衙門，派奕訢、桂良、文祥管理，辦理對外交涉事宜。爲清政府機構的一個重大變化。

*
各國公使駐節北京。

7月
咸豐帝病危，召御前大臣載垣、端華、景壽、肅順、軍機大臣穆蔭、匡源、杜翰、焦佑瀛，宣諭立載淳爲皇太子，並命此八人爲贊襄政務大臣。咸豐帝逝；定明年爲祺祥元年。

9月
上母后皇太后徽號爲慈安，聖母皇太后徽號爲慈禧。慈禧聯合恭親王奕訢發動宮廷政變，奉文宗梓宮還京。（又稱北京政變、辛酉政變、祺祥政變）。

咱們合作，把清吞掉

紀年 （干支）	1864 （甲子）	1863 （癸亥）	1862 （壬戌）	1861 （辛酉）
帝王稱號	穆宗同治三年	穆宗同治二年	穆宗同治元年	文宗咸豐十一年　清 後金 明

該年重要記事

1864（甲子）　穆宗同治三年

6月

中外勢力聯合包圍下，天王洪秀全自殺，太平天國最終失敗。

* 廣州同文館成立。

* 中俄簽訂《中俄勘分西北界約記》，沙俄割占中國西北部44萬平方公里領土。

1863（癸亥）　穆宗同治二年

12月

曾國藩派容閎出洋購買機械、洋鐵。

2月

僧格林沁殺捻軍首領張樂行。

* 李鴻章在上海設外國語言學堂，稱「廣方言館」。

* 英國人赫德任中國海關稅務總司（1863-1908）。

1862（壬戌）　穆宗同治元年

4月

台灣天地會戴潮春攻占彰化。

* 美國人華爾入中國籍，改組洋槍隊，助清廷鎮壓太平軍，該隊被清廷改稱「常勝軍」。

* 近代中國第一所培養外語人才的新式學堂——京師同文館成立。初以培養翻譯人才為主，以利開展洋務運動。

1861（辛酉）　文宗咸豐十一年

10月

命恭親王奕訢為議政大臣，在軍機處行走。詔改年號祺祥為同治。御史董元醇、兵部侍郎勝保上疏請兩宮皇太后垂簾聽政。載淳皇帝即位，以明年為同治元年。

參照

1868 （戊辰）	1867 （丁卯）	1866 （丙寅）	1865 （乙丑）
穆宗同治 七年	穆宗同治 六年	穆宗同治五年	穆宗同治四年

1865（乙丑）穆宗同治四年

❶月　中亞細亞浩罕國阿古柏，乘新疆回民起義之機入侵新疆。

❹月　賴文光等指揮捻軍在山東殲滅僧格林沁統率的清軍主力，僧格林沁突圍時戰死於曹州吳家店。

❽月　李鴻章在上海設立江南製造總局，與舊有洋砲局合併，成爲洋務派創辦新式軍事工業的開始，揭開中國大規模使用機器生產的序幕。

＊　英國在上海租界設按察使署（即最高法院）。

1866（丙寅）穆宗同治五年

＊　孫中山誕生（1866-1925）。

＊　在上海成立發昌機器廠，爲最早的最早的民營機器製造廠。

＊　左宗棠在福州設船政局，派沈葆楨總理局務。內設船政學堂，爲中國第一所培養造船技術人才和海軍人才的學校。

9月　捻軍分爲東、西兩支。

12月　同文館附設天文、算學館，教授科學技術。

1867（丁卯）穆宗同治六年

＊　李鴻章平東捻。

＊　崇厚在天津設置機器製造局。

1868（戊辰）穆宗同治七年

＊　左宗棠平西捻。捻軍抗清鬥爭結束。

❷月　退役駐華公使浦安臣、志剛、孫家谷出訪美英俄法普等國，是爲中國使團首次出訪國外。

◆《教會新報》：創辦的目的是使教外人了解傳教的眞相、吸收信徒。同治十三年（1874）改名《萬國公報》。

洋務派

				紀年（干支）
1870（庚午）	1869（己巳）	1868（戊辰）		
穆宗同治九年	穆宗同治八年	穆宗同治七年	清	帝王稱號
			後金	
			明	

該年重要記事

1870（庚午）

❼月

兩江總督馬新貽被張文祥刺殺。「張文祥刺馬案」為晚清四大奇案之一。

❺月

天津教案發生。起因為天津接連發生誘拐幼童與嬰屍之事，導致反教情緒高漲。法國駐天津領事豐大業及其祕書西蒙向天津知縣與群眾開槍，被群眾毆斃。清廷命曾國藩赴天津查辦教案。這也是同治時期最嚴重的教案。

1869（己巳）

❸月

上海英、美、德領事公布《洋涇濱設官會審章程》，成立「會審公廨」。

❶月

福州船政局鐵廠開工。

＊

法國要求限期完結酉陽教案，清政府以處死民眾2人，杖、流被捕群眾，賠款18000兩白銀，酉陽教案結案。

1868（戊辰）

❾月

上海江南製造總局第一號火輪船竣工，是中國製造的第一艘大型機器輪船。設計者為徐壽及其子徐建寅等。取名為「恬吉號」，後改名「惠吉號」。

❺月

民團首領何彩率眾焚毀新修教堂，殺死教士李國安。教案發生後，酉陽知州派兵迫令民眾繳械解散。華籍教士覃輔臣卻乘機報復，率教堂武裝殺死群眾145人，傷700餘人。是為「酉陽教案」。

美國傳教士林樂知主編的《教會新報》在上海創辦。

參照

1873 （癸酉）	1872 （壬申）	1871 （辛未）
穆宗同治十二年	穆宗同治十一年	穆宗同治十年

1873（癸酉）穆宗同治十二年

❻月
岑毓英攻下騰越，延續十八年的雲南起義失敗。

❺月
同治於北京紫光閣接見日、俄、美、英、法、荷駐華公使。此為清朝皇帝初次接見外國駐華公使。

❶月
同治親政。

1872（壬申）穆宗同治十一年

⓫月
與俄國訂伊犁通商章程。

李鴻章奏請試辦輪船招商局，官督商辦，是洋務派創辦的第一家民用企業。

❿月
《申報》館附設月刊《瀛寰瑣記》出版第一期，被認為是近代中國第一份文藝期刊。

❽月
日本冊封琉球王尚泰為藩王。

❼月
詹天佑等中國第一批官費留學生30人赴美留學。

*
《欽定剿平捻匪方略》、《欽定剿平粵匪方略》書成。

*
英國人美查在上海創辦《申報》。

*
曾國藩（1811-1872）卒。

1871（辛未）穆宗同治十年

❿月
琉球船民漂流至台灣南部，54名被高山族居民誤殺。

❼月
李鴻章與日本使臣伊達宗城在天津簽訂《中日修好條規》與《通商章程：海關稅則》。

❺月
沙俄進占新疆伊犁地區。

❹月
上海、香港間的海底電線鋪成。

於7月奏請派遣聰穎子弟赴泰西各國學習技藝，並上〈幼童前赴泰西肄業章程〉。

*
容閎建議曾國藩，派幼童赴美留學。曾國藩與李鴻章

◆《申報》：宣統元年（1909），由該報華人經理席裕福收買；民國元年（1912），轉讓給史量才，1949年5月停刊。為中國近代出版時間最長的報紙。

◆《欽定剿平捻匪方略》：奕訢奉敕領銜，朱學勤等總撰，記錄捻軍自起義到失敗的真實經歷，為研究捻軍的重要文獻。

	1874 （甲戌）	1873 （癸酉）	紀年 （干支）
	穆宗同治十三年	穆宗同治 十二年	清
			後金
			明

帝王稱號

該年重要記事

12月
路，上海至江灣段開始鋪軌。
英國怡和洋行建設之淞滬鐵路——近代中國第一條鐵

9月
聽政。上大行皇帝謚為「毅」，廟號穆宗。
以明年為光緒元年，仍由慈安、慈禧兩太后再度垂簾
同治帝病逝，慈禧立醇親王之子載湉，為德宗景皇帝，
中國「賠償」日軍白銀五十萬兩等
簽訂《中日北京專條》，主要內容為日軍退出台灣，

4月
大臣。
派沈葆楨為欽差大臣，辦理台灣海防，兼理各國事務

3月
日本以台灣高山族誤殺琉球船民為藉口，出兵台灣。

2月
大隈重信為「台灣番地事務局長官」。
日本以陸軍中將西鄉從道為「台灣番地事務都督」，

11月
劉永福黑旗軍出兵抗法，敗法軍於河內，擊斃安鄴。

10月
法將安鄴攻占越南河內。

7月
李鴻章委盛宣懷、徐潤會辦輪船招商局。

參照

垂簾聽政

1878 （戊寅）	1877 （丁丑）	1876 （丙子）	1875 （乙亥）
德宗光緒四年	德宗光緒 三年	德宗光緒二年	德宗光緒元年

1878（戊寅）　德宗光緒四年

❻月　開平礦務局正式開局，為近代中國第一家以西法開採的煤礦。

＊中國近代第一所新式小學——正蒙書院在上海創辦。

＊第一座官辦機器毛紡織廠——蘭州機器織呢局籌建。

1877（丁丑）　德宗光緒三年

❿月　訂立《古巴華工保護條約》。

1876（丙子）　德宗光緒二年

❼月　英國借馬嘉理案，強迫清政府簽訂《煙台條約》。

❻月　劉錦棠等敗白彥虎與阿古柏兵，收復烏魯木齊等地。

❷月　日本與朝鮮簽訂《江華條約》。

＊英國怡和洋行建設之淞滬鐵路成，旋即由中國收購拆毀。

＊第一所中外合辦的科技學校──格致書院在上海落成。

＊左宗棠擊敗阿古柏（1876-1878），收復伊犁之外的新疆全部土地。

1875（乙亥）　德宗光緒元年

❽月　任郭嵩燾為出使英國欽差大臣，是中國正式派遣常駐各國公使之始。

❹月　分別派李鴻章、沈葆楨督辦北洋、南洋海防。

❷月　英使威妥瑪就馬嘉理被殺案，提出六項要求。清廷命岑毓英查辦。

❶月　光緒帝於太和殿登基，即皇帝位。

＊左宗棠督辦新疆軍務討伐阿古柏，收復新疆兩路。

＊英國駐華使館翻譯馬嘉理於雲南被殺。

＊台灣基隆籌建中國第一個使用機器開採的大型煤礦。

紀年 （干支）	1879 （己卯）	1880 （庚辰）	1881 （辛巳）	1882 （壬午）
帝王稱號	德宗光緒 五年	德宗光緒 六年	德宗光緒七年	德宗光緒八年

清　後金　明

該年重要記事

1879（己卯）

3月
沈葆楨（1819-1879）卒。

11月
日本入侵琉球，宣布琉球廢藩置縣，改為沖繩縣。

＊
崇厚與俄國簽署《里瓦幾亞條約》（又稱《交收伊犁條約》）。清政府拒絕承認該條約，並在崇厚回國後，將其逮捕入獄。

1880（庚辰）

1月
改派曾紀澤為出使俄國大臣，交涉歸還伊犁。

＊
李鴻章建立天津電報總局，請設天津至上海間電報線。

1881（辛巳）

1月
曾紀澤與俄簽署《伊犁條約》（即《中俄改訂條約》、《中俄改訂陸路通商章程》）。

＊
唐山至胥各庄運煤鐵道築成，為中國人建設的第一條鐵路。

＊
天津水師學堂成立。

1882（壬午）

7月
朝鮮發生「壬午兵變」。

＊
李鴻章籌畫於上海設機器織布局。

＊
徐鴻復、徐潤在上海創辦「同文書局」。

9月
訂立《中俄伊犁界約》。

10月
訂立《中俄喀什噶爾界約》。
法使寶海與李鴻章達成《越事協議》。

參照

1885（乙酉）	1884（甲申）	1883（癸未）
德宗光緒十一年	德宗光緒十年	德宗光緒九年

1883（癸未）德宗光緒九年

4月 ＊ 中法戰爭（1883-1885）。「紙橋大捷」，是劉永福率領的黑旗軍著名戰役之一。

1884（甲申）德宗光緒十年

4月 ＊ 法艦隊來犯台灣，攻基隆、滬尾。法宣布封鎖台灣，為劉銘傳所敗。劉銘傳棄基隆、保滬尾。

4月 《點石齋畫報》由英商美查在上海創刊，是中國最早的時事畫報之一。

4月 李鴻章與法國代表福祿諾在天津簽訂《中法會議簡明條款》（又稱《李福協定》）。

10月 ＊ 新疆正式改建行省，以劉錦棠為巡撫。

＊ 朝鮮發生「甲申政變」，為袁世凱平。

1885（乙酉）德宗光緒十一年

＊ 左宗棠（1812-1885）卒。

2月 法軍占領中國邊境重鎮鎮南關，馮子材率軍收復諒山，大敗法軍。此戰扭轉中法不利戰局，並導致法國茹費理內閣宣告倒台。

3月 《中日天津會議專條》（即《朝鮮撤兵條約》），將來中日兩國要出兵朝鮮，應互相行文知照。

4月 李鴻章與法使巴德諾在天津訂立《中法新約》（即《中法會訂越南條款十款》）。清政府承認法國對越南的殖民統治。

4月 改台灣府為行省，劉銘傳為首任台灣巡撫。

9月 設總理海軍事務衙門，命醇親王奕　總理海軍事務。

劉銘傳

紀年（干支）	1886（丙戌）	1887（丁亥）	1888（戊子）	1889（己丑）
帝王稱號	德宗光緒十二年　清　後金　明	德宗光緒十三年	德宗光緒十四年	德宗光緒十五年
該年重要記事	❸月 訂《中法越南邊界通商章程》（即《滇粵陸路通商章程》、（即《中法天津協定》）。 ❽月 命續修《大清會典》。 ⓬月 開黑龍江漠河金礦。	❶月 光緒帝親政。 ❸月 中葡訂《里斯本議定書》。 ❽月 福建至台灣海底電報線成。 ❾月 蔣介石誕生於浙江奉化。	＊ 上海「同文書會」成立。 ＊ 張之洞創辦廣雅書院。 ❷月 改清漪園爲「頤和園」。 ❾月 康有爲在京上萬言書，請求朝廷變法，但未達於朝廷。 ⓫月 北洋海軍正式成軍。丁汝昌爲北洋海軍提督。 ＊ 天津至唐山鐵路通車。	＊ 國人自辦的天津總醫院創立。 ＊ 岑毓英（1829-1889）卒。 ❷月 慈禧皇太后歸政。
參照		◆ 同文書會：是英國傳教士韋廉臣於上海成立，是外國人於晚清時期在中國經辦的最大出版機構，後改名廣學會。		

1893 （癸巳）	1892 （壬辰）	1891 （辛卯）	1890 （庚寅）
德宗光緒十九年	德宗光緒十八年	德宗光緒十七年	德宗光緒十六年

1893（癸巳）德宗光緒十九年

* 毛澤東誕生。
* 北京、山海關間鐵道成。
* 清政府接受薛福成奏請，解決華僑海禁。准許良善商民，無論在外洋久暫，一概准由出使大臣或領事官給予護照，任其回國置業，並聽任隨時經商出洋。
* 張之洞於湖北開辦「自強學堂」。
* 鄭觀應撰《盛世危言》。
⑪月　李鴻章設立天津西醫學堂（北洋醫學堂）。

1892（壬辰）德宗光緒十八年

* 孫中山畢業於香港西醫書院。
* 重修頤和園成。
* 華僑張弼士在山東煙台創辦張裕葡萄酒公司。

1891（辛卯）德宗光緒十七年

* 基隆、台北間鐵道通車。
* 康有為《新學偽經考》刊刻發行。
⑩月　熱河金丹道教起義。

1890（庚寅）德宗光緒十六年

* 第一家官辦上海機器織布局正式建成投產。
❷月　中英簽訂《中英會議藏印條約》（又稱《藏印條約》）。
* 張之洞創立漢陽制鐵局，後稱漢陽鐵廠。
❾月　日人荒尾精在上海開辦「日清貿易研究所」，為日本在華間諜培訓學校。

1893
◆ 自強學堂：初設方言（外語）、格致、算學、商務四科。
◆《盛世危言》：書中主張設立議會，實行君主立憲等等，是一本倡導維新變法、建設現代國家的著作。

1890
◆《新學偽經考》：康有為關於維新變法的第一部理論著作。

紀年（干支）	1895（乙未）	1894（甲午）
帝王稱號 清	德宗光緒二十一年	德宗光緒二十年
後金		
明		

該年重要記事

1895（乙未）

❸月
博文簽訂《馬關條約》。

❷月
鴻章代表清廷在日本馬關議和，與日本總理大臣伊藤

❶月
李鴻章在日本遇刺。

北洋海軍保衛威海衛之戰。威海衛師失守，丁汝昌自殺，北洋海軍全軍覆沒。

1894（甲午）

❿月
孫中山在檀香山成立興中會，提出「驅除韃虜，恢復中華，創立合眾政府」的政治綱領。

❽月
北洋海軍在黃海遭遇日本海軍，爆發黃海海戰（亦稱「大東溝之役」）。

❼月
清政府對日宣戰。

❻月
日軍攻入朝鮮王宮，命大院君主國事。

❺月
日軍在豐島海面突然襲擊中國運兵船，中日甲午戰爭爆發。

❹月
日本拒絕中國政府撤兵之要求，且一再增兵。

朝鮮東學黨亂起，清政府派葉志超率軍救援，並通知日本政府。

❶月
李鴻章、盛宣懷等於上海創辦華盛紗廠。

＊薛福成與英外務大臣簽訂《中英續議滇緬界、商務條款》。

參照

◆《馬關條約》：主要條款為割讓遼東半島、台灣全島及澎湖列島，並賠款兩萬萬兩等。

痛，別割我！

1897 （丁酉）	1896 （丙申）	1895 （乙未）
德宗光緒 二十三年	德宗光緒二十二年	德宗光緒二十一年

康有為聯合在北京參加會試的一千三百多名應試舉子，上書要求拒和、遷都、變法，史稱「公車上書」。

❹ 4月　俄、德、法三國干涉，迫使日本放棄對中國遼東半島的主權要求。此為「三國干涉還遼」。

❼ 7月　丘逢甲等成立「台灣民主國」。

康有為與梁啟超等在北京組織「強學會」。

❾ 9月　孫中山在廣州發動武裝起義，失敗。

⓬ 12月　張之洞創立江南自強新軍。

❷ 2月　清政府設立郵政，由海關總稅務人赫德任總郵政司，成立大清郵政總局。

❹ 4月　李鴻章與俄國簽訂《禦敵互相援助條約》（即《中俄密約》），使俄國勢力深入我國東北，攫取中東鐵路權。

❼ 7月　黃遵憲、梁啟超等創《時務報》於上海，鼓吹維新變法。

❽ 8月　清政府與華俄道勝銀行訂《合辦東省鐵路公司合同章程》，設立東省鐵路總公司。

❾ 9月　孫中山倫敦蒙難，被清政府誘捕。

❶ 1月　商務印書館創立於上海。

*　天津設北洋學堂。

*　嚴復編譯赫胥黎《進化論與倫理學及其他》，名《天演論》，宣傳進化論觀點。

紀年 （干支）	1897 （丁酉）	1898 （戊戌）
帝王稱號	德宗光緒 二十三年　清	德宗光緒二十四年
	後金	
	明	

帝王稱號欄：清、後金、明

該年重要記事

1897（丁酉）

❹ 月
國人自辦第一家商業銀行　中國通商銀行在上海成立。

❿ 月
嚴復等在天津創辦《國聞報》，介紹西洋學術思想。

⓫ 月
鉅野教案發生，德國以此強占膠州灣，俄占旅順、大連。
康有為上書變法。

1898（戊戌）

* 張之洞撰寫《勸學篇》。

❶ 月
貴州學政嚴修請開「經濟特科」，內容為內政、外交、理財、農桑、格物等專門之學。

❷ 月
德國強租膠州灣，租期99年，清政府與德簽訂《中德膠澳租借條約》。

❸ 月
俄國強租旅順、大連，租期25年，清政府與俄簽訂《旅大租借條約》。
康有為等在北京組織保國會，以「保國、保種、保教」為宗旨。

❹ 月
英國強租九龍半島，簽訂《展拓香港界址專條》。
光緒帝頒布「定國是詔」，開始百日維新。
嚴復譯《天演論》正式出版。

❺ 月
英國強租威海衛，簽訂《訂租威海衛專條》。

❻ 月
改《時務報》為官辦，以汪康年為總理，梁啟超為總主筆。

參照

◆ 百日維新重要新政：籌辦京師大學堂、廢八股改立策論、設譯書局、詔裁詹事府、通政司等閒散衙門。八旗及各省軍隊改練洋操，採西洋兵制等等。

義和團

1900 （庚子）	1899 （己亥）	1898 （戊戌）
德宗光緒二十六年	德宗光緒 二十五年	德宗光緒二十四年

1900（庚子）

❼ 七月

八國聯軍占領北京。

慈禧太后攜光緒帝倉惶出逃西安，史稱「庚子西狩」。

德、奧、美、英、法、日、意、俄八國聯軍攻北京。

❻ 六月

沙俄在北方屠殺中國居民，發生「海蘭泡慘案」、「江東六十四屯慘案」。

兩江總督劉坤一、湖廣總督張之洞等發起「東南互保運動」。

❺ 五月

義和團焚正陽門城樓，殺德使克林德。八國聯軍攻陷大沽砲台。清廷發布詔書，向列強宣戰。

❹ 四月

義和團起義，入京師。

1899（己亥）

❿ 十月

法租廣州灣，租期99年，清政府與法簽訂《廣州灣租借條約》。

❽ 八月

美國國務卿海約翰提出對華實行「門戶開放」政策。

❻ 六月

康有為成立「保皇會」。

＊ 義和團運動（1899-1900）。

1898（戊戌）

❿ 十月

義和拳改稱義和團，山東義和團首先提出「扶清滅洋」口號。

❽ 八月

光緒帝詔袁世凱來京。慈禧太后發動「戊戌政變」，光緒帝被軟禁於瀛台，懿旨一切復舊。康有為、梁啟超逃往日本。戊戌六君子（楊銳、譚嗣同、康廣仁、楊深秀、劉光第、林旭）下獄處斬。

救命啊！快跑

紀年 （干支）	1900 （庚子）	1901 （辛丑）	1902 （壬寅）
帝王稱號	清　德宗光緒 二十六年	德宗光緒二十七年	德宗光緒二十八年
	後金		
	明		
該年 重要記事	閏 ⑧ 月　與中會鄭士良於廣東惠州起義，失敗。 ⑨ 月　慈禧一行逃至西安，以撫署爲行宮。 ⑫ 月　慈禧太后於西安宣布「變法」，晚清「新政」開始。	＊　李鴻章（1823-1901）卒。清政府爲李鴻章在京師建立專祠，此爲漢大臣在京師建專祠之第一人。 ② 月　美國教會所辦東吳大學在蘇州成立。 ⑥ 月　清廷諭令改總理各國事務衙門爲外務部，列於六部之上。 ⑦ 月　奕劻、李鴻章在北京與十一國代表訂立《辛丑條約》。規定中國賠款白銀四億五千萬兩，俗稱「庚子賠款」。這個條約是中國近代喪權辱國最爲嚴重的不平等條約。 ⑧ 月　慈禧太后、光緒帝等自西安起程還京。	① 月　梁啓超在日本創辦《新民叢報》。 ③ 月　與俄訂《中俄交收東三省條約》（亦稱《俄國撤兵條約》）。 ⑤ 月　滿族人英華在天津創辦《大公報》。 ⑦ 月　詔頒學堂章程。
參照			

1905 （乙巳）	1904 （甲辰）	1903 （癸卯）
德宗光緒三十一年	德宗光緒三十年	德宗光緒二十九年

1905（乙巳）德宗光緒三十一年

❼月
孫中山在日本東京組成中國同盟會，舉孫中山為總理，定立「中華民國」國號。

❺月
《二十世紀之支那》在日本出版，日後成為同盟會的機關報。

❹月
由於美國訂立排斥華工，且苛待在美華僑，東南各省紛起反美運動，抵制美貨。

＊
第一個國家銀行　大清戶部銀行開設。

1904（甲辰）德宗光緒三十年

❶❷月
日本攻陷旅順，俄軍大敗。

❻月
英軍侵西藏，攻陷拉薩，十三世達賴喇嘛北逃。

❸月
中國加入萬國紅十字會。

❶月
《東方雜誌》月刊在上海創刊。

＊
鄧小平（1904-1997）誕生。

＊
無線電報開始使用。

＊
陶成章、蔡元培在上海成立光復會。

1903（癸卯）德宗光緒二十九年

❶❷月
日俄戰爭爆發，清政府宣布局外中立條規。

❶月
設練兵處。

❾月
黃興、宋教仁等在湖南長沙成立華興會，華興為會長。

❼月
設立商部。

❺月
上海《蘇報》案發生。章炳麟被捕，鄒容自動投案。

閏❺月
鄒容的《革命軍》在上海出版，提出開創「中華共和國」的主張。

❹月
章炳麟撰《駁康有為論革命書》。

紀年（干支）	1905（乙巳）	1906（丙午）
帝王稱號	德宗光緒三十一年　清 後金 明	德宗光緒三十二年

該年重要記事

1905（乙巳）

⑧月　清政府宣布自明年（丙午）起，正式廢除科舉取士制度，興學校。

日、俄簽訂《樸資茅斯和約》。

遣載澤等五大臣出洋考察各國憲政。於北京登車之際，主張革命排滿的革命黨人吳樾投擲炸彈。

⑩月　同盟會機關報《民報》發刊。在該報發刊詞中，首次提出民族、民生、民權「三民主義」。

⑪月　中、日簽訂《會議東三省事宜條約》。

1906（丙午）

＊　日本南滿洲鐵路株式會社成立，簡稱滿鐵。

＊　京漢鐵路正式通車。

❶月　劉靜庵等在武漢創立日知會。日知會員以軍界為最多，為之後武昌起義奠定基礎。

❹月　中英簽訂《續訂藏印條約》，英國承認清政府對西藏的領土主權，但清政府也被迫同意英國在西藏享有經濟特權。

❻月　日本於中國東北設關東都督府，為日本侵華的大本營。

❼月　清廷宣布「預備仿行立憲」，預備立憲開始。

❾月　為適應預備立憲，清政府宣布改革官制。

❿月　革命軍萍瀏醴體起義。

參照

◆改革官制：內閣、軍機處、外務、吏、禮、學各部及宗人府、翰林院仍舊。改巡警部為民政部，戶部為度支部、兵部為陸軍部、刑部為法部，工部併入商部，為農工商部，增設郵傳部、軍諮部、海軍部、資政院、審計院。

1909 （己酉）	1908 （戊申）	1907 （丁未）
宣統元年	德宗光緒三十四年	德宗光緒三十三年

1909（己酉）宣統元年

8月 詹天佑擔任總工程師的京張（家口）鐵路建成通車。

1月 萬國禁煙會於上海召開，共十三國參加。

＊ 首座國家圖書館──京師圖書館在北京籌建。

＊ 清政府開始進行第一次全國人口調查。估計全國人口約3.68億。

1908（戊申）德宗光緒三十四年

11月 溥儀即位於太和殿，以明年為宣統元年。

載灃監國為攝政王。

王載灃之子溥儀入承大統為嗣皇帝，承繼穆宗為嗣。

10月 光緒帝病危，逝於瀛台涵元殿。次日，慈禧逝。醇親

8月 清政府頒布《欽定憲法大綱》，定九年後召開國會。

4月 同盟會發動雲南河口起義。

2月 黃興親率革命黨人，發動欽州起義。

1907（丁未）德宗光緒三十三年

11月 郵傳部奏請設立交通銀行，官商合辦。

10月 同盟會發動鎮南關起義。

9月 命各省設諮議局。

立資政院，命貝子溥倫、孫家鼐為總裁，目的為將來設立議會做準備。

8月 同盟會發動欽廉防城起義。

7月 安慶起義，失敗後徐錫麟、秋瑾被捕殉難。

6月 同盟會於惠州七女湖起義。

4月 同盟會發動潮州黃岡起義（丁未黃岡之役）。

紀年 （干支）	1909 （己酉）	1910 （庚戌）
帝王稱號	清　宣統元年	宣統二年
	後金	
	明	

該年重要記事

1909（己酉）

9 月　各省諮議局同日開幕。

11 月　各省諮議局代表集會上海，要求速開國會。

12 月　美國提議東三省鐵路中立，遭日本反對。

1910（庚戌）

1 月　同盟會發動廣州新軍起義。

＊　《小說月報》在上海創刊。

＊　清政府頒布首部著作權法《大清著作權律》。

＊　首屆官商合辦商品博覽會──南洋勸業會（又稱南洋勸業博覽會、江寧賽會）在南京舉辦。

＊　第一屆全國學界運動會在南京舉行，後由國民政府追認為第一屆全國運動會。

3 月　革命黨人汪兆銘（汪精衛）等刺殺攝政王載灃失敗，事發被捕下獄。

清廷下令廢「奴才」之稱，滿、漢文諸臣一律自稱為「臣」。

4 月　頒《大清新刑律》、《幣制則例》。

9 月　資政院開院。

10 月　清廷宣布責任內閣提前成立、預備立憲期限縮短。

11 月　速開國會奉天人民、天津學生請願。

參照

1911
（辛亥）

宣統三年

3
月
東三省鼠疫流行，首次在中國召開的國際學術會議——萬國鼠疫研究會在奉天舉行，由伍連德博士主持會議並任大會主席。

同盟會發起黃花崗起義，攻兩廣總督府，俞培倫、林覺民、方聲洞等人犧牲，起義失敗。

4
月
清廷頒布《內閣官制》，成立「皇族內閣」。

清廷借鐵路國有名義，將已歸民辦的川漢、粵漢鐵路收歸國有，又將鐵路修建權賣給英、法、德、美四國銀行團，兩路所在各省掀起保路運動。

5
月
四川成立保路同志會。

8
月
湖北革命團體文學社與共進會在武昌起義，史稱辛亥革命。號召全國起義。

10
月
外蒙活佛哲尊丹巴在俄國唆使下，宣布獨立。

11
月
十七省代表於上海開選舉臨時大總統會，選舉孫文為臨時大總統。

11
月
13
日（西元1912年1月1日）　孫中山在南京宣誓就任中華民國臨時大總統，中華民國宣告成立。改用陽曆，以1912年為中華民國元年。

12
月
25
日（西元1912年2月12日）　清廷接受《皇室優待條件》。宣統皇帝溥儀宣布退位。

孫文就任臨時大總統

我退位就是了。

中國歷史大事年表——元明清朝

1WN1

編　　者　王中奇
發 行 人　楊榮川
總 編 輯　王翠華
主　　編　陳姿穎
責任編輯　許馨尹
封面設計　羅秀玉
繪　　者　廖育萱
出 版 者　五南圖書出版股份有限公司
地　　址　106台北市大安區和平東路二段339號4樓
電　　話　(02)2705-5066
傳　　真　(02)2706-6100
網　　址　http://www.wunan.com.tw
電子郵件　wunan@wunan.com.tw
劃撥帳號　01068953
戶　　名　五南圖書出版股份有限公司
法律顧問　林勝安律師事務所　林勝安律師
出版日期　2017年2月一版一刷
定　　價　新台幣280元

國家圖書館出版品預行編目資料

中國歷史大事年表:元明清朝/王中奇編;廖
育萱繪. -- 一版.-- 台北市:五南, 2017.02
　面;　公分
ISBN 978-957-11-9004-4（平裝）
1.中國史 2.年表
610.5　　　　　　　　　　105025099